英語運用力が伸びる

5ラウンドシステムの英語授業

金谷　憲
監修・著

西村秀之　梶ヶ谷朋恵　阿部　卓　山本丁友
ほか著

大修館書店

はじめに

　どのような教科でも，一度授業で聞いただけでは頭に残りません。その上，英語のようなスキル教科では，練習しなければ，身につきません。しかも，一度や二度の練習で身につくスキルというものはありません。

　こうしたことは，ごく常識的にわかることです。昔から英語教育では，以前学習したことも，新しいことと併せて何度も学習するのがよいと言われてきました。スパイラルに学ぶという考え方です。

　しかし，繰り返しを学習に組み込むと，学習できる事項の全体量は減ってしまいます。例えば，英単語3000語を一度だけではなく，二度繰り返し学ぶとなると，同じ時間内には半分しか終わりません。3回繰り返すとなると，3分の1になります。学習時間は変えずに3回繰り返すとなると，扱えるのは1000語ということになります。

　十分な時間がない。教材の分量は多い。しかし，繰り返し学習させたい。では，どうすればいいでしょうか？ この問いに真正面から答えようとした試みが，本書で紹介している5ラウンドシステム*です。生徒が同じ教科書を1年間に何度も学ぶ。そのうち意図しなくても，教科書の英文が頭に残る。そのうちに頭に残った英語を暗唱という形でなく，自分の言葉として普通に使い始めるだろう。こうした考え方で始められたのがこのシステムです。

　考え方そのものは，昔から言われている「繰り返し練習して定着を図る」というものです。そして，この考え方は極めて常識的なものです。しかし，「言うは易く行うは難し」，です。この「常識」を具体的に授業に落とし込み，進めて行くのはそう簡単ではありません。

　これまで，学校の英語教育法については，いろいろな「理論」や「提案」やスローガンが飛び交ってきました。その割には，それらに対応した実践的教授法（カリキュラム運用方法）が開発され，確立され，使い継がれる，という状況はあまり見られませんでした。その理由は，学校教育に現実上許される実際の条件下で実行するのが難しいからです。実際にトライしてみると，いろいろな制約（授業時数，教科書，クラスサイズ等々）で実現が難しく，実

現させるにしても教師側のとてつもない労力を必要とし，限られたわずかの人にしか実現できないなどとなってしまうからです。スパイラルについても同じことが言えます。

　難しいとすぐ投げ出して，次のトレンドへ目が移る。それも難しいと分かると，投げ出して次のテーマへ。そんなことの繰り返しで，A校が開発したA方式をB校が受けて，B方式に改良発展させるなどという経験の共有と伝搬があまりありませんでした。長時間かけて1つのテーマに腰を落ち着けて粘ることをしなかったせいです。

　5ラウンドシステムは，平成24（2012）年開校した横浜市立南高等学校附属中学校（横浜南）で編み出された方式です。1期生が今年（平成29（2017）年）で高3になりました。既に6期目の中1の生徒たちが，このシステムで英語を学び始めたところです。そして，他校にも広がっています。埼玉県熊谷市では全市立中学が，高知県中村高等学校附属中学校でも，また私立校で始めたところもあります。

　このように何年もかかって練り上げられ，また，いくつもの学校で使われ始めている5ラウンドシステムを読者の皆様に紹介できるのは編者として大変幸せなことだと思っております。

　具体的内容は本書を読んでいただければおわかりになると思いますが，1つのシステムを作り上げるのは容易なことではありません。5ラウンドシステムも，まだ発展途上，試行錯誤の最中にあります。その試行錯誤の過程をぜひ，知っていただきたいと思います。

　繰り返し練習しなければ，英語は身につかない。しかし，どうやって意味のある繰り返しを限られた時間内におこなえるだろうか。5ラウンドシステムはこの問いに対する1つの答えです。答えようとずっと努力を続けてきています。

　5ラウンドシステムにかかわってきている先生方，とりわけ，この方式を発明した横浜南の先生方は，このシステムの有効性を強く実感しておられます。英検の取得率などのデータにも効果ははっきりと表れています。だから多くの学校の先生方にこのシステムを知ってほしいと願っています。しかし同時に，このシステムがベストで，これ以外の方法はあり得ないとか，このシステムで日本の英語教育を一色に染めたいとは思っていません。

英語の定着方法はたった1つしかないわけではありません。本書をお読みになって，5ラウンドシステムを採用し，改良し，発展させていただくことはもちろん大歓迎です。しかし，本書をきっかけとして，異なる方法を開発する学校があることも大いに嬉しいことです。

　スローガン連呼の時代は終わりにしましょう。実行可能な教育方式を作ってゆく時代にしましょう。それには10年，20年という単位の努力が必要です。情報の共有，成果の積み重ねが必要です。その積み重ねの1冊になることを祈って，本書を英語教育に携わる皆様に贈ります。

平成29年8月

金谷　憲

＊英語教育ではラウンド，ラウンド制などの名称が既に使われています。本書で紹介している5ラウンドシステムという名称は，実践の中から自然発生的に生まれ，呼び慣わされて来ております。紛らわしさを避けるために，この名称を変更することは困難です。同じような名称をお使いの教育機関，先生方にはあらかじめご理解をいただきますようお願いいたします。

目次

横浜市立南高等学校附属中学校年間計画　x

第1章　繰り返しの重要性（金谷　憲）……………………………… 3

第2章　5ラウンドシステムとは　………………………………… 15

第1節　全体の考え方，構造（西村秀之）16

第2節　1年生の5ラウンド（梶ヶ谷朋恵）23
　ラウンド1の指導案・解説・授業の実際　23
　ラウンド2の指導案・解説・授業の実際　32
　ラウンド3の指導案・解説・授業の実際　36
　ラウンド4の指導案・解説・授業の実際　44
　ラウンド5の指導案・解説・授業の実際　47

第3節　2，3年生の4ラウンド（西村秀之）55
　ラウンド1の指導案・解説・授業の実際　55
　ラウンド2の指導案・解説・授業の実際　66
　ラウンド3の指導案・解説・授業の実際　74
　ラウンド4の指導案・解説・授業の実際　78

第4節　ウォームアップ（西村秀之）86

第5節　文法指導（西村秀之）97

第3章　テスト・評価のしかた …………………………………… 103

第1節　目標設定（西村秀之）　104

第2節　パフォーマンス評価の具体例　（梶ヶ谷朋恵）　108
　　1．リーディング・ショー（リーディング・テスト）　108
　　2．リテリング・ショー（リテリング・テスト）　109
　　3．スピーキング・テスト　110
　　4．ライティング作品――My Columbus（1年）, My Textbook（2年），
　　　　My History（3年）　111

第3節　テスト（西村秀之）　114

第4節　評価（西村秀之）　121

第4章　5ラウンドシステムの成果 …………………………………… 123

第1節　英語学習に対する自律意識の変容――アンケート調査結果から
　　　　（臼倉美里）　　　　　　　　　　　　　　　　　　　　124
　　1．はじめに　124
　　2．調査方法　124
　　3．調査結果　125
　　4．おわりに　132

第2節　生徒の英語力の変容
　　　　――名詞句の習得を測る Billy's Test の結果から（砂田　緑）　133
　　1．Billy's Test の問題構成　133
　　2．テストの実施方法　135
　　3．全8回テストの正答率の推移　136
　　4．結果のまとめ　141

第3節　生徒の態度の変容（梶ヶ谷朋恵）143
　1．生徒の観察から感じること　143
　2．変化の見られる時期　143
　3．授業に臨む意識の変化　144
　4．5ラウンドシステムの波及効果　145

第4節　教員の変容　146
　1．5ラウンドシステムに取り組んで（阿部　卓）146
　2．5ラウンドシステムの利点　（山本丁友）149

第5章　［座談会］5ラウンドシステムで指導してみて……………153

　（金谷　憲・阿部　卓・梶ヶ谷朋恵・西村秀之・山本丁友）

第6章　5ラウンドシステムを導入した他校の実践……………161

第1節　埼玉県熊谷市の取り組み　162
　1．熊谷市全体の取り組み――10のポイント（岡村賢一）162
　2．熊谷市立熊谷東中学校の取り組み（西　博美）165
　3．ラウンドシステムを導入した英語授業を実践している先生方の感想
　　　167

第2節　高知県立中村中学校・高等学校の取り組み（庄﨑里華）169
　1．取り組みに至った経緯——課題の整理　169
　2．実施学年　170
　3．授業の実際　170
　4．生徒の変容　171
　5．研修の実施　174
　6．ラウンドシステム実施に向けた研修から学んだこと　175
　7．教員の変容　176
　8．中高の連携の必要性　176
　9．今後の課題と展望　177

第7章　まとめと課題（金谷　憲）………………………………………　179

執筆者一覧　186

横浜市立南高等学校附属中学校年間計画

月		4	5	6	7	8	9
1年	ラウンド	Book 1 ラウンド 1		Book 1 ラウンド 2	Book 1 ラウンド 3		
	ウォームアップ	・「基礎英語1」を基にした会話（教師―生徒，生徒同士）					
				・与えられたトピックで会話（教師―生徒，生徒同士）			
2年	ラウンド	Book 2 ラウンド 1 Unit 3～9			Book 2 ラウンド 2		Book 2
	ウォームアップ	・「基礎英語2」を基にした会話（教師―生徒，生徒同士）→ライティング					
		・グループチャット→リポーティング　・チャット→ライティング					
3年	ラウンド	Book 3 ラウンド 1 Unit 5～7		Book 3 ラウンド 2	Book 3 ラウンド 3		Book 3
	ウォームアップ	・Myシリーズ　スピーチ（日本文化・町・サブカルチャーなど） ・多読（他社教科書などを用いて） ・ショートストーリーリーディング→スピーキング ・フリーチャット ・リテリング ・「基礎英語3」を基にした会話（教師―生徒，生徒同士）など					

10	11	12	1	2	3
Book 1 ラウンド 4		Book 1 ラウンド 5		Book 2 ラウンド 1 Unit 1, 2	

・物語作り（スピーキング）　・会話→リポーティング

ラウンド 3	Book 2 ラウンド 4	Book 3 ラウンド 1 Unit 1〜4

・ショートストーリー（100 語程度）リーディング→スピーキング
・チャット　など

ラウンド 4	高校教科書　ラウンド 1

・*COLUMBUS 21* BOOK3 リテリング
・後置修飾カード
・チャット
・ショートストーリー
・スピーキング　など

英語運用力が伸びる
５ラウンドシステムの英語授業

第 1 章

繰り返しの重要性

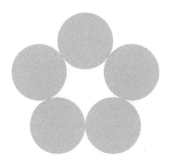

この本で紹介する5ラウンドシステムとは，同じ1冊の教科書を年間何度も使って英語の定着を図ろうとする教育システムのことです。教科書1冊を1年かけて学習する方法との違いは，教科書を「複数回」学習するという点です。1回では頭に残らない語彙や文法ルールも何度も接することによって，徐々に頭に残ってゆくという考えに基づいて考案され，実践されているものです。

　横浜市立南高校附属中学校は，横浜市立初の中高一貫教育校として，2012年4月に開校されました。この中学では，開校時に英語担当者がこのシステムを発想し，試行錯誤を繰り返しながら，作り上げてきました。また，1期生が高校に進んだ2015年度からは，高校でも3ラウンドシステムで，繰り返し学ばせる教育方法を継続し，成果を上げています。

　この本は，実際に行われている横浜5ラウンドシステムを詳細に記述して，皆様に紹介することを目的としています。システムの全体像，実際の授業の進め方，評価の仕方，その成果などをできるだけ詳しくお伝えするつもりです。

❖「何年も学んでいるのに身につかない」

　「何年も学んでいるのに英語が使えるようにならない」というのは，日本の英語教育に対して向けられる典型的な批判です。これに対して，文部科学省をはじめとする教育行政機関は，いろいろな施策を行おうとして，様々なスローガンを打ち出してきています。「学習活動から言語活動へ」，「実践的コミュニケーション能力の育成」，「英語の授業は英語で行う」など，挙げたらきりがないほどです。しかし，政策の効果がいまいち，はっきりと感じられず，同じような批判は今でも行われています。

　効果が全くないというわけではありません。音声言語に触れる機会は昔よりずっと多くなってきていますし，ALTの導入などによって，生徒が外国人に「慣れている」度合いも増していると思います。

❖常識から始めよう

　今述べたように，英語の授業改善の試みがなされていないわけではありません。むしろ，いろいろなことが試みられています。例えば，2020年からは，小学校で英語が教科として教えられるようになります。教え始めるのが早い

方が，効果が上がるという考えに基づいています。早いか遅いかということとともに，小学校の分だけ，英語教育の分量が多くなる，ということもあります（もっとも，早く始めれば，教育の方法や内容にかかわらず，効果が上がるかどうかは，未だにはっきりしていません）。

　また，大学入試についても大幅な変革が謳われています。このことは英語だけのことではありませんが，英語は，TOEIC®, TOEFL®, 英検などといった既製の能力試験を用いるとか，新しいテストを開発するとかいう議論がなされつつあります。4技能をテストするという説も出ています。現在のセンター試験や，一部大学の二次試験にリスニングが入ってきていますが，スピーキング・テストまでは取り入れられていません（一部，推薦入試などで英語の面接を課している大学はあります）。

　こうした取り組みはそれぞれ，それなりに，根拠を持って主張されています。しかし，もっと常識的な判断から授業改善を考えても良いのではないかと私は思います。

　まず常識的に言って，外国語である英語が週3，4時間といった低頻度の授業で，多くの生徒の頭の中に残っていくものでしょうか。ほかの教科でも同じことが言えますが，特に日常生活で使っていない言語を運用する能力の育成に，現在の英語教育の学習「頻度」，「集中度」でいいのでしょうか。「分量」でいいのでしょうか。小学校で英語が教えられ始めているので，英語教育の全体量は増えることになるのかもしれませんが，授業と授業の間が空いてしまっているのでは，習ったことが定着するのは難しいのではないでしょうか。

❖いきなりはできない

　もう1つ，外国語を学ぶことで常識を働かせて考えると良いことがあると思います。

　この頃のトレンドとして，即戦力重視の傾向が見られます。即戦力があって悪いと言うことは誰も思わないと思います。しかし，即戦力とは基礎力の上に成り立つものだということを忘れてはならないと思います。やらせてみればすぐにできる，と考えるのは，こと外国語に関しては無理ではないでしょうか。

　外国語でなければ，いきなりやれることもあります。例えば，小・中学生

がいきなりサッカーをして遊ぶことは考えられます。特にサッカーの基礎力育成の努力（？）をしなくても，ボールを蹴って，サッカーのまねごとをすることはできます。
　昨今ならサッカーでしょうが，筆者の子供の頃なら野球ということでした。男の子が集まると，野球をしようということになります。上手下手はあるものの，いきなり試合を始めても何とか様にはなります。一応，試合の格好にはなるものです。もちろん，クラブ活動となれば，基礎練習もします。猛特訓になることもあります。とにかく，ここで大切なのはいきなり試合ができるということです。
　では，外国語としての英語はどうでしょうか。「語彙だの，文法だのと七面倒臭いことを言っているから日本人は英語ができないのだ。いきなり使わせればよい」というような暴論（？）も時々飛び出します。しかし，現実問題として，いきなり英語を使うということはできないでしょう。
　常識で考えればおわかりになると思います。野球ではボールとバットぐらいは必要ですが（実際にはバットさえも要らない。手でボールを弾き返して遊んでいたものだから），その他の道具は特に必要ではありません。
　何より，スキルの方が特に習わなくてもある程度身についているということが大きいでしょう。誰でもキャッチボールぐらいはできます。ゴロやフライも何とかキャッチできるでしょう。バットに当てることもそんなに難しくありません。下手なら空振り三振，バッターアウトとなるだけです。ベースへ向かって走ることも習わなくてもできます。
　このように野球なら，新しく練習しなければ絶対できないということはありません。知らなければできないという知識もほとんどありません。道具も最低ボールがあれば事足りるわけです。
　英語はどうでしょうか。語彙という材料がなければ，文は作れません。文法といった道具が手に入っていなければ，いろいろなことを表現することはできません。1語や2語知っているだけでは，コミュニケーションという名の「試合」にはなりません。
　したがって，語彙や文法といった道具，そして，それらを使いこなすスキルを練習によって獲得しなければ，実践はできません。即戦力は期待できません。習わなくてもできる部分が野球と比べて極めて限られています。

❖ 知識だけではなく，知識の運用へと達する

　他教科と比べて英語学習には知識を獲得する活動と，獲得した知識を自由に駆使することができる能力を培うという2つの段階があります。知識（野球の例なら，材料と道具）を獲得しなければ，使う能力は備わっていきません。知識だけ持っていても，それを利用する能力がなければ，英語は使えません。野球の例で言えば，バット，ボール，グローブなどがあっても，それを使ってボールを打ったり，キャッチしたりする能力がなければ野球はできません。
　それだけではありません。野球で言えば，ボールを投げる力がなければなりません。打ったら走る能力がなければ，試合になりません。野球では習わなくてもそれらの能力はみんなある程度備わっています。
　しかし，英語ではそうはゆかないのです。単語や文の発音は習わなければできない。文法ルールは知っていても，そのルールを使って瞬時に文を作れなければなりません。

❖ 想像以上に繰り返さないと使えない

　英語の先生方と話していてギャップを感じるのは，どのくらい繰り返しが必要かについてのイメージです。使えるようになるためには，何十回，何百回という繰り返しが必要であるというのが，私（金谷）の経験則です。が，現場の先生方と話していると，先生方が必要と考える繰り返しの回数が50分授業で大体3〜4回ぐらいのイメージであることが多いのです。
　確かに限られた授業時間内にできる反復練習の回数は限られています。しかし，非常に多くの反復練習をする先生とそうでない人との差はかなりあります。
　教員研修などでは，参加の先生方に，中高生になってもらい，実際に様々な活動を体験してもらうことにしています。ペアで対話練習なども行います。その際，「これから2分間，できる限りたくさん繰り返して練習してください」と指示しても，1，2回でやめてしまうペアがあります。こうした先生は授業でも，生徒に1，2回練習させたら十分だという指導をなさっているのだろうなと思ってしまいます。一方，2分経ってもなかなか練習をやめないペアもあります。こちらのタイプの先生は，時間をうまく作ることができさえすれば，生徒に十分練習をさせるだろうなと思います。この2種類の先

生の差は大きいと思います。

　ここ30年以上，何百と授業を見てきて言えることは，実際に中学生などが自信を持って自分の言葉で言えるようになるには，本当にしつこいくらいの繰り返しが必要であるということです。

　例を挙げましょう。私の勤務していた東京学芸大学の附属中での授業です。中学1年生の授業の終盤に，ペアで「先週末何をしたか」をインタビューし合う活動をさせていました。附属中学の生徒は優秀で，かなりの程度，インタビューは成立しています。1分ほどのやり取りが終わると，ペアの相手を変えて，もう一度同じ活動を繰り返しやらせました。2回目です。さらに，もう一度相手を変えて同じ活動です。これで3回目になります。先生は，その都度，「相手の顔を見て」とか，「原稿はなるべく見ないで」とか，指示を与えています。3回目でおしまいかと思いきや，「もう一度」と先生は指示しました。さすがに生徒も「え～，またやるの」というブーイングです。しかし，先生は全く意に介さず，4回目のペアワークを指示しました。私ならこのブーイングにめげて，ストップしてしまったかもしれません。ところが，この4回目を見てみると，生徒たちは，それまでの態度とは一段と異なる自信を持った表情で，実にスラスラとペアワークを行っているではありませんか。この授業を見てから，教員研修などの折によく，「生徒がもういいよ」と言ってから後1回練習させると良いですよという提案をするようになりました。

　高校の例もあります。これは栃木県立栃木高校での授業です。使っているのは，コミュニケーション英語の難しい教科書です。これも授業の終盤で，先生が「今日学んだところを口頭でサマリーしなさい」という指示を出しました。ペアワークです。しかも，制限時間は，なんと1人30秒ということです。私は内心「いくらなんでも無茶だ」と思いました。ペアワークが始まりました。30秒では1センテンス言えるのが良い方です。30秒終わると，ペアの相手がまた30秒。終わると，中学の例と同じように相手を変えて，また30秒ずつです。先生は，「第1回目に1センテンスしか言えなかった人は，もう1文付け加えるようにしなさい」と指示しました。そして，もう一度，相手を変えて30秒ずつ。そして先生の指示は「もう1文付け加えるように」ということです。4回目のペアワーク。偶然，中学の例と同じ回数になりました。それで終了したのですが，ほとんどの生徒は4～5文言えてし

まいました。サマリーになっているかどうかは別にして，30秒という短い時間の中で，ほとんどの生徒が4〜5文を言えるようになってしまいました。

たった2つの例ですが，この2人の先生のしつこさ（？）の示すところは，想像以上に生徒たちは繰り返し練習をしないと使えるようにはならないということです。

❖ 繰り返しはコミュニケーションじゃあない？

しかし，繰り返しについてはかなり微妙な点があります。繰り返し練習して，ある文章はスムーズに言えるようになった。原稿を見ないでも暗唱はできる。しかし，自分の言葉で「話す」ことはできないという状況に留まっている生徒は少なくありません。

こうした生徒たちを見て，繰り返しはコミュニケーションではないとして，「繰り返し練習」の不毛を説く論者はたくさんいます。音読や暗唱などをいくら繰り返していても，コミュニケーション能力は身につかないという意見です。

確かに，何度となく音読をさせているが，生徒たちは簡単な会話すらもできない，というケースは実際に私も何度となく見てきました。だから単純に繰り返しているだけでは，駄目だろうと思います。しかし，繰り返しだけでは駄目だから，繰り返しそのものがコミュニケーション能力の育成に不必要だということにはならないと思います。

この本で紹介するラウンド・システムで習っている生徒たちは，暗唱だけできるという段階に留まってはいないのです。中1でさえ，学年末には，ほとんどの生徒が，ピクチャーカードを見ながら，1レッスン全部を自分の言葉で説明できるようになっています。練習をたくさんしても，「話せない」生徒と「話せる」生徒，「話せるようにしてあげている」授業とそうではない授業はどこが違っているのでしょうか。

この問いに対する答えは本書を読み進むにつれて理解していただけると思います。その前に，少し予告編風に，説明しておきましょう。

❖ 飛行機はなぜ飛び上がれる？

比喩ばかりで恐縮ですが，もう1つだけお付き合いください。

教科書の音読や暗唱から自分の言葉による発話や作文への発展は，私には

ちょうど飛行機の滑走から離陸へとのイメージと重なります。

　前にも述べたように、生徒はいきなり英語を使うことができません。飛行機が滑走せずに離陸できないのと同じです。滑走路を走り、スピードを上げ、飛行機は離陸します。ヘリコプターのようにその場にあって、垂直に離陸することはできません。

　しかし、滑走していても、必ず離陸するとは限りません。浮力（揚力）がつかないと飛び上がれないのです。さて、そうなると、浮力（揚力）がつくかつかないかの鍵を握るのは何だろうかということになります。

　飛行機で言えば、翼の構造と滑走のスピードということになるでしょう。さて、英語の方はどうでしょうか。スピードにあたるものは多分、練習量だと思います。飛行機で言えばノロノロと滑走しているイメージでしょう。それでは、いつまで滑走していても飛び上がれません。滑走路の端っこまで行ってしまいます。

　では、スピードだけで飛び上がれるかというと、そうではありません。今言ったように飛行機であれば翼の構造により、機体を上に持ち上げる気流を作り、飛び上がれるようになっているわけです。

　飛び上がるための構造にあたるのは英語教育では何になるのでしょう。私は、意味を常に考えさせる授業であるかどうかが、その鍵だと思っています。英文の意味は一度何となくわかれば、以後、意味確認の必要がない、と教師は思いがちです。しかし、外国語の場合、音読練習などの際には発音などに注意を振り向けるため、それだけで精いっぱいになります。自分がどんな意味の英語を言っているのか十分に意識できていないことが多々あります。この頃の研究だと、認知的リソースが足りなくなってしまうというような言い方をします。

　ある英語のネイティブ・スピーカーの教師が大学生を教えていました。英語のスキットを生徒に演じさせるのですが、いくら言っても全く感情がこもらない。困ったこの先生はある日、まず、日本語で同じスキットを演じさせてから、英語で演じさせてみたところ、非常に自然に、セリフにふさわしい感情が入ったという話を聞いたことがあります。

　こんな逸話を考えてみても、外国語で表現する場合、いくつかの配慮を一度に行わなければならないため、練習を十分積み、意味も考えながら、言えるようにすることが大切だということだと思います。

こんな例にもよく接するのではないでしょうか。学生とカラオケに行く。新しい歌には英単語だけではなく、センテンスも英語で入っている曲が多いのに気づきます。そうした曲の中の英文は、学生たちは見事な発音で歌います。ところが、その同じ学生が英語で話すとなると「アイシンクザット（I think that）」流になってしまうのです。カラオケでは単なる音のコピーで済んだものが、自分の考えを英語で表現するとなると、音のことなどに構ってはいられなくなるのです。

自分の習った英文などを音読するのは実に見事にこなすのに、何か考えて自分の言葉で表現しようとすると、「アイシンクザット」などという、全く日本語なまりのひどい英語になってしまうことがあります。これも、考えるという負荷がかかっているため、発音などにまわすリソースが不足するということでしょう。

❖横浜5ラウンドシステムで離陸できるか？

さて、これからご報告する横浜の生徒さんたちは、離陸することができていると思います。冒頭にも述べた通り、中1の終わりには、教科書の1課分、黒板に貼られたピクチャーカードを見ながら自分の言葉でストーリーを説明できるまでになっています。中学校の教科書はほとんどダイアローグですので、暗唱だと会話のコピーになってしまいます。しかし、誰も会話を暗唱したりしません。会話を説明文に変えて話すことができます。

こうなったのも、繰り返し、繰り返し何度も何度も音読をしたり、ペアのパートナーにストーリーを説明したりしているうちに音声化に使う労力（認知リソース）が少なくて済むようになり、意味まで十分に考えることができるようになったのだと思います。

しかし、生徒だけでここまでやれたわけではないと思います。音読などの合間に、必ず先生は、生徒たちが音読などしているダイアローグの内容を簡単な英語で確認しては、また練習させています。これが大きな影響を持っていると私は思います。

また、授業の最初には、先生が生徒と small talk をします。これも大きなことで、英語では音読練習などしかしないと、いくら回数が多くともそれは空念仏のようになってしまうでしょう。

small talk も、先生が一方的に話すのではなく、必ず生徒とやり取りを

しています。「今日，地震があったね。その時先生は朝ご飯の支度中だったけど，君は何してた？」など，必ずたくさんの生徒に話しかけ，reactionさせます。こうしたことの積み重ねが，使える英語へのtakeoffのための揚力になっているのだと思います。

多量の「繰り返し練習」と「意味を意識させる」という外国語学習についての常識から発想したのが，横浜市立南高校附属中学校の取り組みです。「十分な繰り返し」と「意味を考えた生徒とのやり取り」の2つを両立させて，基礎的英語の定着を図るためのシステムの1つとして，5ラウンドシステムができたのです。

横浜5ラウンドシステムはシステムです。1つの授業を見ただけではそこに展開されている授業の持つ意味は理解できません。システム全体の理解が必要です。本書は，このシステムの全体像を理解していただいた上で，その効果などをご紹介しようとするものです。

❖本書の構成

この章の最後として，本書の構成を軽く説明しておきます。本章はイントロで，中学英語授業での繰り返しの大切さと，意味を何度も確認して発表活動へと移行することの意義をお話ししました。

第2章以降は，実際のラウンドシステムの説明になります。第2章では西村先生，梶ヶ谷両先生に，横浜5ラウンドシステムのシステム概要を説明願います。

第3章では，現場の皆さんのもっとも興味のある，テストと評価の仕方について実際にどのように行われているかを，西村，梶ヶ谷両先生に解説していただきます。

第4章ではこのシステムによる英語授業の今までにわかった成果について量的，質的に報告します。この中には他のプロジェクトでこの学校の取り組みを使って生徒の変容を調査された東京学芸大学の臼倉美里先生，砂田緑先生のご報告も含まれます。

第5章は関係者の座談会という形で，5ラウンドシステムにまつわる様々な思い，実施してみての感想，苦労話，研修などの話をみんなでしてみたいと思います。ここには先生方の本音が素直な形で出るように努力しました。決してよそ行きの良いことばかりの報告ではありません。こうした章を設け

ることで，読者の皆様には，この取り組みの生の実態が想像しやすくなると思います。

　第6章では，本校以外の学校での取り組みを報告します。5ラウンドシステムについての他校の興味は年々増しており，授業見学希望者は引きも切れません。その中では実際に自分の学校で実施し始めたところがあります。具体的にはすでに3年目に入っている熊谷市立東中学校の取り組みについて報告していただきます。ちなみに，熊谷市では2016年4月から市内全校（16校）で5ラウンドシステム（ラウンド制）を行い始めました。このほか，高知県立中村中学校・高等学校でも2016年4月から，また，横浜市立中学校2校でも2017年4月からラウンドシステムが始まりました。

　そして，最後の第7章では，現在までの取り組みの総括と今後の課題について，また5ラウンドシステム導入へのお誘いをして本書を締めくくることになります。

　「何年やっても英語が使えるようにならない」という定番の批判に対する1つの解決策が横浜5ラウンドシステムです。読者の皆さんが有効な解決策として受け止め，ご自分の学校でも実践していただけると幸いです。

第2章

5ラウンドシステムとは

第1節　全体の考え方，構造

❖5ラウンドシステムとは

5ラウンドシステムとは，教科書を1年間に4～5回使う横浜市立南高等学校附属中学校オリジナルカリキュラムである。年間4～5回といってもその回数だけ開本するという意味ではなく，教科書全ユニットを繰り返して扱うカリキュラムという意味である。

図1を見ていただくとその意味がよりご理解いただけるだろう。2～3か月の周期でそれぞれ扱う視点を変えながら授業を展開している。以下，それぞれどのように授業を展開しているか，また，1年間の流れはどうなっているのかということを見ていきたい。

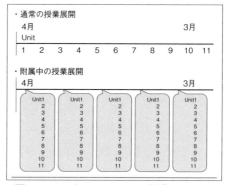

図1　5ラウンドシステム授業イメージ

❖1年生の授業展開の枠組み

1年生では教科書を年間に5回扱う。まず始めにラウンド1ではリスニングによる内容理解を行う。

その後，ラウンド2で音声である程度理解したストーリーを文字（単語，文）と一致させる。音で理解し，音と文字を一致させた後，ラウンド3で音読を行い，音読練習したことがアウトプットにつながる橋渡しとなるようにラウンド4で穴あき音読を行う。そして最

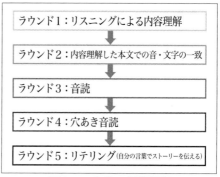

図2　1年生の授業展開

後にラウンド5で教科書のストーリーでリテリングを行う，というのが1年生の授業の展開となる。

❖ 2，3年生の授業展開の枠組み

2，3年生では教科書を年間に4回扱う。基本的には1年生の進め方と変わらないが，1年間授業を展開する中で，生徒は初見の単語や文でもある程度は音声化できるようになってくる。そのため1年生のラウンド2で行っていた音と文字の一致は省いている。

```
ラウンド1：リスニングによる内容理解
        ↓
ラウンド2：音読
        ↓
ラウンド3：穴あき音読
        ↓
ラウンド4：リテリング（自分の言葉でストーリーを伝える）
```

図3　2，3年生の授業展開

❖ ラウンドシステム授業の構造

しかし授業ではそのラウンドによる教科書の展開のみを扱っているわけではない。確かに上記したように「ラウンドシステム」授業とは教科書を年間で4～5回使用する授業展開となる。しかしそれだけを行っているわけではなく，基本的な授業構成は，

ウォームアップ（様々な言語活動）約15分	ラウンドシステムを基に教科書中心の展開 約35分

となっている。ウォームアップはラウンドシステムで教科書に繰り返し触れる中で身についてきた表現を使う時間と位置づけており，このウォームアップとラウンドシステムで扱う教科書のいったりきたりが1つのポイントとなる。生徒はウォームアップで使う場面があるからこそ，教科書にしっかり取り組むと考えている。逆もまたしかりである。

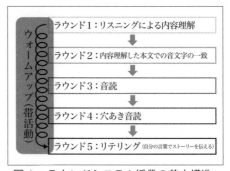

図4　ラウンドシステム授業の基本構造

よくいただく質問で「1年生のラウンド2の音と文字の一致はどうして生徒はできるのですか？」がある。もちろん突然「やりなさい」などという乱暴なことは行っていない。そこに

いたるまでにラウンド1で展開している授業でのウォームアップ等で繰り返し文字に触れたり，音の作りについても2か月程度かけながらじっくり慣らしていく。そしてラウンド2の教科書本文の音声と文字，単語，文の一致につなげているのである。

❖ ラウンド授業の概要

　ラウンド授業について少し理解はいただけたかと思うが，具体的にどのように展開するのかということはイメージがわかないかもしれない。具体の展開はこの後の節で紹介させていただくが，ここではざっと1年生の1年間の展開を示しておく。

　ラウンド1として，1年生のスタートから約2か月かけて教科書のストーリー（使用教科書では教科書1冊が一貫したストーリーになっている）すべてのおおまかな内容理解を音声で行う，いわば教科書1冊分のインプットを提供する。ここではピクチャーカードを使っての内容理解を行う。話の細部や単語，文法といった点ではなく，話の概要，流れをつかませる。いろいろなリスニングの仕方を提示し何度も聞かせることを徹底する。1つのユニットで平均10回は教科書本文を聞かせる。

　一通り行った後，次に行われるのが，ラウンド2での音と文字の一致である。1年生のつまずきの原因の1つと言われている音声と文字の一致だが，ここでは教科書1冊分丁寧に見ていく。ただし活動はいたってシンプル。教科書本文の文章がランダムに並んでいるものを，音を聞いて並べ替えるという音・文字の一致の活動である。次のラウンド3の音読へつながることも当然意図している。しかし，その根底にあるのは教科書本文のインプットである。生徒の意識は音と文字を一致させることに向かっているが，その間に教科書の本文を改めて何度も聞くことになる。

　音・文字の一致を行い，十分な準備をした上でラウンド3での音読を行う。音読のポイントを挙げそのポイントをクリアできるまで何度も練習を重ねる。しかし，うまく音読できることを目指す中でも，ここでも生徒への狙いはもちろんインプットにある。ここにいたるまで家庭学習を含め，多い生徒で1ユニット70〜80回以上本文に触れている。また，1年生では単語や教科書本文が音声化できるまでライティングはさせていない。この音読のラウンドで，しっかり読めたことで初めて文単位のライティング（はじめは教科書の

転写）を行う。文字，単語そして文を音声化できるまで文単位のライティングをさせないのは，音と文字の一致がままならない中，さらにライティングをさせることが生徒への負担過多と考えたからである。開始時期としては1年生の夏休み明け，9月中旬以降になる。音読の時もそうだが，それまで内容を理解し，音と文字の一致も行った本文を読む，書くという時の生徒の勢いは目を見張るものがあり，以前の勤務校での生徒の様子からは見受けることができなかった姿である。その姿はこれまで附属中で1年生を数回担当してきたが，毎年見られることであり，この時期になるとその姿を見るのが1つの授業への励みにもなる。

　そうした音読のラウンドを経て，続いてはアウトプットへの橋渡しとなるラウンド4での穴あき音読である。この活動は授業で行われている先生も多くいらっしゃるかと思うが，穴を開ける意図を4段階に変えた穴あき音読シートを使って音読に準ずる活動を行う。文構造に少しでも意識してくれることを意図して本文に空欄を設けているが，ここでも根底にある狙いはインプットにある。さらに生徒はラウンド5で行われるリテリング（話を自分の言葉で伝えること）等のアウトプットに向けて本文に触れていく。

　こうして，多い生徒で100回程度ずつ触れてきた教科書本文の内容を，自分の言葉で相手に伝えるリテリングのラウンド5を迎える。ピクチャーカードをB4サイズ1枚にまとめたシートを用いて相手に自分の言葉で話を伝えるというのがここでの活動となる。特に1年生のうちはダイアローグで書かれた教科書本文をモノローグに直して伝えるということに少々苦戦するが（「"○○ says ~"といった単なる再生をすることはやめましょう」ということを伝えている）うまく言えた生徒をモデルとして全体で共有するなどしてだんだんとコツを生徒自らつかんでいく。また，途中ＡＬＴのリテリングの例を新たなインプットとして提示したりしながら，すでに何度も繰り返し触れた教科書1冊分のインプットが生かされるように教員側は「しかけ」を作っていく。あるユニットだけを扱ったリテリングとは違い，語彙を前後のユニットで扱った（例えばUnit 11で出てくる表現や語彙をUnit 4でのリテリングで使用する）表現を生徒が場面に応じて使用している様子などが見受けられる。教科書本文のベースがあるにせよ，生徒が自分の言葉で伝えているというのが附属中で行っているリテリングとなる。それぞれリテリングが終わると自分の伝えたことをノートに書き留め，最後には"My COLUMBUS"として，

1年間のまとめに自分の教科書づくりを行い、2年生の教科書へと移っていく（2,3年生でもそれぞれまとめの活動としてライティングをベースとした作品に取り組む）。

　1年生の進め方をもとにラウンドシステムの授業の流れを見てきたが、教科書本文を生徒が自己表現で使えるレベルまで染み込ませることを狙って考えたものである。じっくり繰り返しインプットをしてアウトプットへつなげるという流れを理解していただければ幸いである。また、このリテリングのみをもって自己表現としているわけではなく、教科書本文から離れたところで、与えられた題材について意見や感想を言ったりすることでこのラウンドで染み込んだ言語材料が生かされるよう、ウォームアップの時間での活動にも英語科として力を入れている。

❖5 ラウンドシステムが考え出されるまで

　一見、奇をてらった授業展開という印象を与えてしまうかもしれない。しかし、このラウンドシステムの考え方はいたってシンプルである。また物珍しいことを次々に取り入れているわけでなく、その考え方にもしっかりと目的と意図を持っている。ここで、このラウンドシステムの授業が考え出されるまでを紹介したい。

　横浜市立南高等学校附属中学校英語科では、「生徒が自己表現できる英語力を身につける」ことを目標に授業づくりを考えた。私自身はこれまで同じような目標を掲げ、授業を他の学校で行ってきたものの、やはり教科書の本文の定着など十分ではないことが反省点としてあった。教科書の英文というのは状況のある中でよく練られた英文であり、まずはこの教科書本文の素材をどのようにしたら授業の中で身につけさせられるかということを考え始めたのがこのカリキュラムに至るスタートであった。

　これまでもレッスンごとに導入、新出単語、内容理解、本文音読、音読からアウトプット（ライティングやスピーキングなど生徒が表現すること。）につながる活動等行ってきたが、それでもなかなか生徒に数か月後まで定着していることは難しいことであった。やはり（数度、いや数十回）音読したにせよ、生徒がその英文をその後自由自在に操ってアウトプットを行うことはなかなか厳しいのが現状であった。

　以前の学校で中3が中1,2の教科書を使いリテリングを行うといういわ

ゆる教科書のリサイクルを実践していた。当時の学校は決していわゆる統一テストなどで良い成績を修める学校ではなかったが，それでも授業の中でリサイクルしていくことで英文の定着が少しずつ見受けられ，生徒のアウトプットにも変化が見られ始めたものであった。

　これまでの授業実践や生徒の姿などを通じて感じていたこと，またこのラウンドシステムを始める前の年に長期研修生として派遣させていただいた恩師である東京学芸大学名誉教授の金谷先生の研究室でうかがった第二言語習得の事実などをカリキュラム上で反映できないか，と日々考えていた時のことだった。開校と同時に入学してきた生徒は外国語活動を少なくとも2年間は受けてきており，以前の中1と比べ積極的に聞き，言っていることを何となくでも理解しようとしている様子があった。また，その年から横浜市で採用した中学校検定教科書 COLUMBUS 21 は中1～中3まで登場人物を中心とした身近なトピックがストーリーになっており，それはまるでその登場人物たちの日記のようなものであった。教科書の構成はまず「扉」と呼ばれるコーナーに，その unit の本文すべてを聞き，内容に関する簡単なＱＡに取り組むというタスクがあった。

　「まてよ…」生徒は何となく聞き理解する姿勢がある，教科書は1つのストーリーになっていて次の気になる展開もある，第二言語習得の観点から言えば，リスニングを通じてまずは教科書本文すべてのインプット（リスニングやリーディング。生徒が自分に英語を取り込む。）は行うことができる，そして改めて音読などに戻ればいいのでは…。生徒に前任校で前年度の教科書のリサイクルを行っていた時の反応は，「うわ，懐かしい」という感覚であり，「またか」という反応は皆無であった。教科書の話が小説のようであるならば，普段私自身小説を読んでいると「あそこどうだったっけ？」「あの人物とこの人物の関係ってなんだっけ？」と戻ることはよくあること。そのような感覚で教科書を扱ってはどうか…恐る恐る（？）同僚に尋ねてみるも，好意的な反応。第二言語習得の理論的には大きく間違っていることはないであろうが，それでもやはりこれまでとは異なるカリキュラムの導入には私たち自身にも迷いがあった。授業で生徒を間違った方向に導くわけにはいかない…そこで専門家のご意見を聞くために前任校からご指導いただいている東京家政大学教授の太田洋先生に考え出したカリキュラムの話を聞いていただいた。即答こそもらえなかったが，後押しをもらい，それならば，と教科書を

何度も扱うラウンドシステムの授業カリキュラム作りが開始されたのであった。

❖試行錯誤のスタート

　カリキュラム作成のもととなった考え方は，第二言語習得研究ですでにわかっている事実が主であった。大事にしたのはインプットをしっかり行うこと，同じ本文を定着する程度まで繰り返し扱うことだった。目標としている「生徒が自己表現できる」ためにインテイクレベルまで至る教科書の本文を少しでも増やせるようにしていくこと，大量のインプットから徐々にアウトプットにつなげ，さらにインテイク（表現が学習者に自由に使えるまで身につくこと）させるためにはどうしたらよいか，また，特に１年生ではつまずく原因の１つと考えられる音と文字の一致のために，たっぷり音を聞かせ，たっぷり文字に触れさせること，読ませること書かせることは焦らずにゆっくり行うことも学校としての英語の授業のカリキュラムに反映できないかということも同時に考えていた。

　いろいろなパターンを考えてみたものの今ひとつしっくりとこず，年間の最後に教科書の内容をリテリングする（少量のアウトプット）には，リスニングからの内容理解，音と文字の一致，音読，アウトプットにつながる音読とこれまでの実践で行ってきたことを生かし，かつ１ユニットごとに区切れるのではなく，まとまった小説を読む感覚で一気に行っていき，繰り返すというデザインによって５ラウンドシステムの基本が生まれたのだった。

　そうした背景，基本となる考え方によって，設計されたラウンドシステムカリキュラム。簡単にいってしまえば，１年間かけてインプットからアウトプットへつなげていくためのカリキュラムである。通常だと一単元，１時間の授業の中でインプットからアウトプットへとデザインされていることを，１年間という長いスパンで授業をデザインしたものである。

　この章では，上述したことをそれぞれ細かく見ていきたい。

第2節　1年生の5ラウンド

1年生は，目的を変えながら，1年間で教科書本文を5回繰り返して学ぶ，授業展開を行っている（図1）。この節では，1年生のラウンドについて，詳しく紹介していく。

それぞれの unit で基本的には同じパターンで授業展開をしていくが，例として，*COLUMBUS 21 Book 1* Unit 6 "Breakfast Time" を題材に，指導案―解説―授業の実際の順で授業を通して見てみよう。

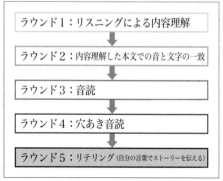

図1　1年生の5ラウンドの進め方

❖ラウンド1：リスニングによる内容理解

このラウンドでは，何度も英文を聞くことで，音声のみのインプットから物語の概要をつかむことを目的としている。教科書のピクチャーカードをストーリー順に並べ替えていく等の活動を楽しんで行い，物語の「状況」や「主なできごと」が自然と記憶に残るように授業を組み立てる。授業時間としては，1 unit につき2時間程度で進めていく。

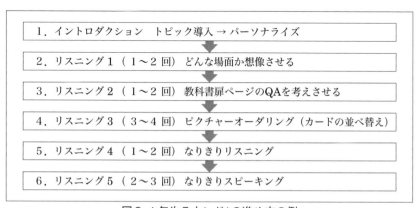

図2　1年生ラウンド1の進め方の例

第2章　5ラウンドシステムとは　23

【指導案1】──イントロダクションからリスニング2までを中心に

|内容・目標|
・一般動詞を知り，使える
・Unit 6の概要を理解できる

|流れ|
①月日チャンツ
②一般動詞の確認（ウォームアップ）
③Unit 6の内容理解（第1回）

|詳細|
①月日チャンツ
　全体で確認，リレーで言っていく
②一般動詞の確認（ウォームアップ）
　ピクチャーカードを使い，動詞の確認
　全体→個人→パートナーチェック
③Unit 6の内容理解（第1回）
1．Unit 6の内容にちなんだ生徒とのインタラクション
　　Do you eat breakfast every day?
　　What do you usually eat for breakfast?
　　― I usually eat rice for breakfast, but this morning I ate bread for breakfast.
　　（頻度を表す語 every day, usually, often, sometimes を流れの中で入れる）
　　Do you eat rice every day?
2．Unit扉の写真（ピクチャーカード）を見せる
　　What's this? (pancakes, french toast, fried eggs)
　　Which do you like better, pancakes or fried eggs?
　　How about Nick? What does he like to eat?
　　Listen to the story.
○CDでストーリーを聞き，場面を想像しながら，Nickが選んだものを聞き取る。（リスニング1）
3．扉のQAに取り組む。（リスニング2）答えを確認する。
○新たに質問をする。

○もう一度ストーリーを通して聞く。

【指導案1・解説：Unit 6の内容理解】

③ Unit 6の内容理解
1．Unit 6の内容にちなんだ生徒とのインタラクション
　発問例）Do you eat breakfast every day?
　　　　　What do you usually eat for breakfast?
　・教師の発問に自由に発言させる。日本語で答えてきてもよしとし，教師が英語で言い直す。深追いはしない。
　・教師の場合の例を紹介してもよい。あくまでもインプット中心で行う。
2．Unit 6の扉の写真（ピクチャーカード）を見せる。
　・ＣＤでストーリー(教科書本文，以下ストーリー) を聞き，何の場面か想像させる。
3．ＣＤでストーリーを聞きながらUnit 6の扉ページのＱＡに取り組む。
　個人で取り組んだ後，ペアで自由に意見交換させる（日本語，英語は問わない）。全体で答えの確認をする。必要があれば，もう一度ＣＤを聞く。
　・教師から，ＱＡを補う形で新たにいくつか質問をする。リスニングだけで十分返答できる質問を与える。
　発問例）What does Nick like, toast or pancakes? / Where is Tina?
　・もう一度ストーリーを通して聞く
　　ここでは設問は示さずに，物語を純粋に楽しめる雰囲気を作る。

【指導案1・授業の実際：Unit 6の内容理解】

1．内容にちなんだ生徒とのインタラクション
　T: Do you eat breakfast every day?
　Ss: Yes!! / No!! / Sometimes!（思い思いに口に出す）
　T: What do you eat for breakfast? I eat bread every morning, but I sometimes eat rice. How about you?
　Ss: Rice!! / Bread!
　T: (様子を見て1人，2人の生徒に質問する) What do you eat for breakfast, ○○？

S: Bread ... and egg.
　　T: Wow, you eat eggs too. That's nice. I like it. How about you, △△?
　　S: I eat rice and miso soup. Sometimes natto.
　　T: Do you eat natto? My family eats natto for dinner.
　　　（少しずつ話を広げながら，会話を楽しむ）
２．Unit 6の扉の写真（ピクチャーカード）を見せ，どんな場面か想像させる
　　T: What's this?（写真に出ているいろいろな食べ物を指さしながら）
　　Ss: Toast! ホットケーキ？ Strawberry? コーヒー？（口々に言い合う）
　　T: Yes, it is. It's toast. You can see some fruits too.
　　　Do you know this? It's a French toast[pancakes, fried eggs など]
　　　（生徒とやり取りをしながら，なるべく多くの語を会話に登場させる）
　　T: Which do you like the best in this picture?
　　Ss: Pancake! / French toast! / Fried eggs!
　　T: Oh, really? That's good.
　　T: Today we are going to listen to a new story.
　　　Maybe some foods are in the story. Let's enjoy the story.
○リスニング1
　　T: Who is in the story?
　　Ss: Nick! Father and mother?
　　T: Is that all? How about Tina?
　　Ss: うーん…（Tina は話題には出てくるが，本人のセリフがないので生徒は迷っている）
　　T: Well, you don't know? Maybe?（笑）
　　　What are they doing? Cooking? Studying? Eating?
　　Ss: Eating!! Eating!! Breakfast!!
　　T: Yes!!　They are eating breakfast.
３．教科書の扉のページのQAに取り組む，リスニング2
　　T: Now let's listen to the story one more time. Please open your textbook to page ○○. You have a picture and some questions. Try these questions.
　　　（質問がわかりにくい時はCDを聞く前に何をすればよいか確認してもよい）

T: Did you answer the questions? Please check your ideas with your partners.
　Ss: (思い思いにペアと話をしたり答え合わせをしたりする)
　T: OK. Now let's check the answers together.
○全員で答え合わせをする
　T: Good job, everyone. (必要に応じてもう一度ＣＤを聞いてもよい)
○教師から新たにいくつか質問をする
　T: What does Nick like, toast or pancakes?
　Ss: Pancakes!!(何人かの生徒は Nick のセリフの後のお父さんの言葉をまねするなど自由に発言する)
　T: Where is Tina?
　Ss: Room! She's in her room. (in her room などの表現の解説はしていなくても, 徐々にＣＤの通りに声に出す生徒が出てくる)
　T: Yes. She is in her room. She is not eating breakfast. Is she sleeping?
　Ss: うーん。多分。病気？
　T: OK. Let's try listening one more time. (視点を変えながら聞く機会を設ける)
○第３回のリスニング
　T: Finally, let's listen to the CD again and enjoy the story.
○第４回のリスニング
　T: In the next lesson, we will enjoy the story some more times. Good-bye, class.

【指導案２】――リスニング３からリスニング５までを中心に

内容・目標
- 一般動詞を知り，使える。
- Unit 6の概要を理解できる。

流れ
① 月日チャンツ
② アルファベット活動
③ 一般動詞の確認（ウォームアップ）
④ Unit 6の内容理解（第２回）

詳細
① 月日チャンツ

　全体で確認，リレーで言っていく。

② アルファベット活動
③ 一般動詞の確認（ウォームアップ）
- ピクチャーカードを使い，動詞の確認
- 全体→個人→パートナーチェック

④ Unit 6の内容理解（第２回）
1. QAを用いた前時の振り返り（1. イントロダクション〜3. リスニング２）
   What are they doing in the story?
   Who are eating breakfast?
   Where is Tina? など
2. ピクチャーカード並べ替え（ピクチャーオーダリング，p.23図２参照）
   - リスニング（リスニング３）必要に応じて増やす。
   - パートナー→全体で確認
   - 並べ終わった絵を見ながら，再度リスニング（リスニング５）
3. なりきりリスニング（リスニング４）
   - 登場人物になりきり聞く。
4. なりきりスピーキング（リスニング５）
   - 登場人物になりきり，一語でもタイミングを合わせて言う。
   - 選ぶ人物を変えるなどしながら，何回か挑戦させてもよい。
5. 内容に関するQA（he/sheを活用させる）

| ※ピクチャーカードを配り，宿題でなりきりリスニングを行う。

【指導案２・解説：Unit 6の内容理解】

④ Unit 6の内容理解
1．ＱＡを用いた前時の振り返り
　発問例）What are they doing in the story?（eating breakfast,
　　　　　pancakes など）
　　　　　Who are eating breakfast?
2．ピクチャーカード並べ替え
　・ピクチャーカードの順番をランダムにして，黒板に貼る。
　・絵を見ながら，ストーリーを通してＣＤを聞かせる。
　・聞き終わったら，ペアでピクチャーカードの順番についての意見を話し合わせる。※英語でも日本語でも可。
　・全体で絵の並べ替えを行う。教師は指示も含めて英語で行うが，生徒には英語で話すことを強要しない。
　・少しでも疑問が残る絵があったり，生徒の意見が分かれたりした場合は，それを機に何度か繰り返し，unit 全体のＣＤを聞かせる。
　・順番に並んだ絵を見ながら，再度ＣＤを聞かせる。
　・すべての絵が順番に印刷してあるハンドアウトを配布して，もう一度聞かせる。
　　※この時点でハンドアウトは一度生徒各自に片づけさせる。次回以降も復習でＣＤを聞く時などに活用する。
3．なりきりリスニング
　・登場人物の１人を選んで，その人になりきってストーリーを聞くように指示する。
　・黒板の絵を見ながら，その人のセリフに集中しながらストーリーを聞かせる。
4．なりきりスピーキング
　・なりきりリスニングで選んだ人物になりきって，ＣＤと一緒にセリフを言わせる。
　※ＣＤ音声のタイミングを合わせて，気に入ったセリフを一言でもまねできた

らよい，というスタンスで，すぐにすべてのセリフを正しく発話できなくても慌てない。
・もう一度繰り返したり，別の登場人物のセリフにも挑戦させたりしながら，徐々にセリフやイントネーション，タイミングなどへの音への集中度を上げていく。
※発話すること自体が目的ではなく，あくまでもタイミングを合わせて言うために集中して聞くことが大切。
※何度かキャラクター替えを行う。

【指導案２・授業の実際：Unit 6の内容理解】

１．前時の振り返り
 T: Do you remember the Unit 6 story?
 Ss: Yes!! Pancakes please!（笑）
２．ピクチャーカード並べ替え（リスニング３）
 T: Today I have many picture cards.（黒板にピクチャーカードを貼る）
   Now they are not in order. Let's think about the order. Which picture is the first, second, and third?
 T: Are you ready? Can you put the pictures in order?
   Now you can check with your partners.
   （まずはペアで確認を行う。生徒は思い思いに絵を指さしながら意見を交わす）
 T: OK. Now let's check altogether. Which one comes first?
   （全体で確認中，少しでも迷うところや意見が割れた時が，再度リスニングをさせるチャンスになる。教師側から素朴な疑問を投げかけて，全員でもう一度確認するチャンスを作ってもよい）
 Ss: 一番目はあれ！ That!! That!!
 T: Oh, which one? On the first line? The second line?（カードは上下２列に並べる）
 Ss: Second line!
 T: The left one or the right one?
   （順番を確認しながら，いろいろな表現に慣れていく。徐々に生徒からも英語でどの絵であるか言おうとする様子が見られる）
 T: All right. Are these pictures OK? Does everyone think it's OK?

Ss: Yes.

T: Great. Now listen to the story again with the picture cards.

（ピクチャーカードを並べ終えたところで，もう一度絵を見ながらストーリーを聞く）

T: Are these OK?

Ss: Yes!

T: Good. I'll give you the picture sheet and let's listen one more time.

（ピクチャーカードを正しい順番に並べたハンドアウトを配布）

3．なりきりリスニング（リスニング4）

T: OK. Please put your sheet into your file.

（片づけるのを見届けたら）

Now let's try なりきりリスニング．

How many characters are there in the story? Choose one character. Who will be Nick? Who will be Mr. Rios? Who will be Mrs. Rios?

Now, start!

T: Good job! Next, let's try なりきりスピーキング．Choose one character. Who will be Nick? Who will be Mr. Rios? Who will be Mrs. Rios? Try to speak with the character with the same timing.

※何度かキャラクターを替えたりしながら行う。

4．なりきりスピーキング（リスニング5）

（各自が決めた登場人物のセリフを1か所でも2か所でも言えたら立派であることを伝え，言うためにその人物のセリフに集中して聞くことが大事であることを理解させる。正しく言えなくてもチャレンジする気持ちが大切と伝える。）

T: Thank you, everyone. You did a great job. That's all for today.

❖ラウンド2：内容理解した本文での音と文字の一致

　このラウンドでは，英語の音と文字の一致を目的とする。教科書本文を順不同に提示し，聞こえた順に並べ替えていくという活動を中心に行う。授業時間としては，1Unitにつき1時間程度で進めていく。

```
┌─────────────────────────────────────────────┐
│ 1．教科書の振り返り（ピクチャーカードを使って）     │
└─────────────────────────────────────────────┘
                    ↓
┌─────────────────────────────────────────────┐
│ 2．ハンドアウトの文字を見せ，自分の中で音声化       │
└─────────────────────────────────────────────┘
                    ↓
┌─────────────────────────────────────────────┐
│ 3．リスニング1（3〜4回）CDを聞き，聞こえた順番に文の並べ替え │
└─────────────────────────────────────────────┘
                    ↓
┌─────────────────────────────────────────────┐
│ 4．ペア・全体で確認（ペアと協力しながら）           │
└─────────────────────────────────────────────┘
                    ↓
┌─────────────────────────────────────────────┐
│ 5．リスニング2（1〜2回）CDを聞きながら，教科書を開いて音と文字の一致 │
└─────────────────────────────────────────────┘
```

図3　1年生ラウンド2の進め方の例

【指導案】

|内容・目標|
・形容詞（動詞）を知り，使える
・Unit 6の音と文字が一致できる
|教材|
・形容詞ピクチャーカード
・一般動詞ピクチャーカード
・Unit 6の音・文字一致ハンドアウト
|流れ|
①月日チャンツ
②一般動詞/形容詞の確認
③基礎英語活動（ウォームアップ）
④Unit 6の音・文字一致
|詳細|
①月日チャンツ

全体で確認，リレーで言っていく。
② 一般動詞／形容詞の練習
③ 基礎英語活動（ウォームアップ）
　・「基礎英語1」を聞く。
　・シャドーイング
　・"I need a good teacher." の表現を確認する。
　（片方に今回の登場人物のようにがっかりしているように指示をする。もう一方には "What's the matter?" とたずねさせ，I need 〜. の表現を使えるようにする。2回目以降はプラス1の情報を付け加えて答える。前回の基礎英語活動で取り上げた "I want 〜 " を理由として付け加えてもよい。）
④ Unit 6の音・文字一致
1．ピクチャーカードを見せ，内容を振り返る。
2．ハンドアウトを配り，文字を見せ自分の中で音声化させる。
3．CDを聞き，聞こえた順番に文字情報を並べ替えさせる。（リスニング1）
4．ペア・全体で確認。
5．教科書の文をCDを聞きながら目で追い，音と文字の一致を行う。（リスニング2）

【指導案・解説：Unit 6の音・文字一致】

1．ピクチャーカードを見せ，教科書の内容を振り返る。
　・このラウンドでは，内容を深追いすることはないので，何枚かのピクチャーカードを選んで見せて，話のポイントを思い出す程度にする。
2．**ハンドアウト**（教科書本文が1文ずつのレベルで順番を入れ替えて印刷されているもの。各文の横に（　　）が書いてある）**を配り，文字を見せ，自分の中で音声化させる。**
　・声を出さずに，1つ1つの単語を頭の中で読むイメージ。
　・どこの場面か想像しながら，文字の音を予想して読めるとよい。
3．CDを聞き，聞こえた順番に文字情報を並べ替えさせ，文の横の（　　）に数字を入れさせる。（リスニング1）
　・ストーリーの順番を記憶でたどるのではなく，あくまでも音声にした

がって目で文字を追うように指導する。
- 一度では無理な場合が多いので，複数回挑戦させる。順番の数字を記入した生徒も該当の文を目で追いながら確認するように指導する。

4．ペア・全体で確認
- ペアでお互いの順番をシェアし，教科書で確認する。その後全体で確認する。改めて教科書で確認をする。
- チェックをする際も，ストーリーの記憶だけで行わず，しっかり教科書の文字を見ながら作業することを確認する。

5．教科書の文をCDを聞きながら目で追い，音と文字の一致を行う。（リスニング2）
- 教科書を開いて音声を聞くのは，この段階が初めてとなるので，このリスニングを大切に行う。
- 今までの聞き方とは異なり，しっかり文字を見て聞くように指導する。

【指導案・授業の実際：Unit 6の音・文字一致】

1．教科書の内容の振り返り

T: Today we will try Round 2 Unit 6. Do you remember the story in Unit 6?
Some people are eating breakfast in this story. Who are they?
Ss: Nick, Mr. Rios, and Mrs. Rios.
T: What happens in this picture?（Nickがお父さんに注意されている絵）
Ss: Mr. Rios is angry. "Pancakes please."
T: Yes. He looks angry. And he said "Pancakes please!" to Nick.
　 Did Nick say anything?
Ss: "Sorry!"
T: That's right. He said sorry to his father.
　 Where is Tina?
Ss: In her room.
T: Yes, she is in her room.
　 Now let's try this worksheet.
　 （ワークシートを配る）

2．ハンドアウトを配り，文字を見せて自分の中で音声化させる

T: First of all, read the text silently. Make sounds in your mind.
  （make sound のイメージは，Unit 1で初めて挑戦する際によく説明しておくとよい）
  （しばらく待つ）

3．リスニング1
  T: OK, now, let's listen to the CD.
  Please try to put them in order and write numbers on your sheet.
  （ＣＤを聞かせて，英文の順番記入に挑戦させる）

  T: OK. Do you want to try one more time?
  （様子を見て，1〜2回再挑戦させる）

4．ペア・全体で確認
  T: Finished? Now, share your answer with your pair, and check it using the textbook.
  I think you remember the story, but please look at the text carefully.
  Now check the answer all together.
  （隣同士で答え合わせを行う）

5．リスニング2
  T: Let's listen to the story one more time. Please look at the text carefully and enjoy the story.

❖ラウンド3：音読

　このラウンドでは，ラウンド1でおおまかな内容理解をした教科書本文を音読する。

　新出単語もこのラウンドで扱っていく。また，1年生では，この段階で本文の書き写しをスタートにしてライティングを始めていく。授業時間としては1 unit につき2時間程度で進めていく。

図4　1年生ラウンド3の進め方の例

【指導案１】――リスニングからバズリーディングを中心に

|授業の中で|

・たくさんのインプット
・アウトプットを強要しない
・繰り返し何度も
・既習事項，練習したことを使う場面
・How about you? と返す
・できる限り生徒に活動させる

|内容・目標|

・Unit 6の新出単語の発音ができる
・Unit 6の音読ができる
・音読チェック

|教材|

・ＣＤ，ＣＤプレーヤー，ピクチャーカード
・フラッシュカード

|流れ|

① 基礎英語活動（ウォームアップ）
② Unit 6の音読練習
③ Unit 6の新出単語の発音練習

|詳細|

⓪ Unit 1～4の単語の確認（トライアル）
① 基礎英語活動（ウォームアップ）
  ・「基礎英語１」を聞く
  ・内容確認
  ・シャドーイング
  ・"Where's the *botan*? Where's the sunflowers?" の表現を確認し，ワークシートを行う。
  ・ペア活動：ペアで違うワークシートを配り，お互いの知っている内容を聞き合い，ワークシートを埋める。
  （質問する際にターゲット項目である "Where are ...?" を使わせたい。）
② Unit 6の音読練習

1．復習・ストーリーの振り返り
2．CDを聞きながら文字を追う（リスニング１）
3．Unit 6 新出単語練習（読めるようになることが目標）
　フラッシュカードで練習。まず読ませてみせて，その後練習でもよい。
4．コーラルリーディング
5．バズリーディング
6．一斉読み

【指導案１・解説：音読練習】

③音読練習
1．復習・ストーリーの振り返り
　・ピクチャーカードを用い，ストーリーについて簡単に振り返る（知っている情報を言わせるQAなど）。
2．CDを聞きながら文字を追う（リスニング１）
　指示例）Open your textbook and let's listen to the story. Please look at the textbook carefully.
　・ラウンド２でも行った教科書を開いて音と文字を一致させる活動（文を目で追いながらのリスニング）を再度行う。
　・次に自分が実際に読むことをイメージしながら聞かせる。
3．Unit 6の新出単語の確認
　・フラッシュカードを使って，文字を読ませる（生徒に先に挑戦させてから，教師が発音してもよい）。
　・単語を紹介する前に，多少ストーリーの思い出し（教師―生徒間のスモールトーク）やＣＤのリスニング（本文の通し聞き）を行ってもよい。
　・それぞれの語について，日本語の訳を与えることはしない。どの場面で出てきたかを思い出したり，単語によっては簡単に意味を英語で説明したりするが，あまり時間はかけずに，テンポよく確認をしていく。
　・一通り音の確認ができたら，単語シートを使いながら，単語を見て何度も発音させる（個人で，ペアで）。
4．コーラルリーディング
　指示例）Let's read the story together! Repeat after me.

- ・教師の後についてリーディングを丁寧に行う。
- ・難しいところは複数回繰り返すなどして，生徒が1人で読めない部分がなくなるように気を配る。

5．バズリーディング
- ・アップダウンリーディング，四方読み（回転リーディング）など，いろいろな方法で，多くの回数を自分の力で読む活動を行う。

※アップダウンリーディング：座ったまま1回，立って1回，座って1回，その後座ったままストップがかかるまで繰り返す。
（全員が座って少し時間が経ってからストップをかける）

※四方読み：全員で立ち，正面1回，右向き1回，後ろ向き1回，左向き1回，正面1回と計5回読み，着席。その後座ったままストップがかかるまで繰り返す。

　生徒にたくさんの回数読ませる目的と同時に，教師側がスムーズな読みができていない生徒を確認する意味もあり，このような方式をとっている。

【指導案1・授業の実際：音読練習】

1．復習・ストーリーの振り返り
　T: Do you remember the story of Unit 6? Yes! It's a story about pancakes!
　○ピクチャーカードを見せる
　（ピクチャーカードを見せながら，簡単な質問をする。生徒は口々に単語レベルで応答する。）

2．CDを聞きながら文字を追う（リスニング1）
　T: OK. You remember the story well. Today let's try to read the story aloud. First, listen to the story. Open your textbook to page 62.
　（教科書を見ながらのリスニング）

3．新出単語
　T: I have a lot of word cards from Unit 6. Can you read them?
　（フラッシュカードを見せながら，単語を紹介する。時々生徒に先に読ませる挑戦をさせてもよい。単語によってはまれに簡単な英語で意味を伝えたり，誰が言ったセリフか思い出させたりすることもある。）

（教師主導の単語発音練習）

T: Now I'll give you a list of new words. Please practice by yourself for two minutes.

（数分間時間をとり，それぞれ自分1人で読めるか挑戦させる。自信がないところは個人的に質問を受ける。）

T: OK. Now check with your partner. Exchange your word list with your partner. Start with a student on the left. Student on the right, check your partner's pronunciation.

○生徒同士の発音確認

T: Once again, say the new words together.

（再度発音できているかを確認するために全員で行う）

T: Now you are ready to read the story. Hold your textbook, then repeat after me.

4．コーラルリーディング

（うまく音読できないところなどあれば，部分的に繰り返すなどフォローする）

5．バズリーディング

T: Now practice by yourself. Today let's try 四方読み．
Keep practicing until I say "stop". Now start.

（生徒の様子を見ながら，個人的にサポートしたり，いつも苦戦している生徒を見つけて対応したりする）

6．一斉読み

T: OK. Stop, please. Finally let's read aloud together. Are you ready? Three, two, one, go.

○全体で練習

（この段階で読めていない箇所があれば，全体で確認し練習する。）

【指導案2】──オーバーラッピングを中心に

内容・目標
- 会話活動
- Unit 6の音読ができる。

教材
- CD，CDプレーヤー，ピクチャーカード
- フラッシュカード

流れ
① Unit 6の新出単語の発音練習
② 会話活動（ウォームアップ）
③ Unit 6の音読
④ 音読チェック

詳細
⓪ Unit 1〜4の単語の確認（トライアル）
① Unit 6の新出単語練習（読めるようになることが目標）
- フラッシュカードで練習
  はじめに読ませてみせて，その後練習するのでもよい。
② 会話活動（ウォームアップ）
③ 音読練習　※今日は5〜8を行う
  1．CDを聞きながら文字を追う。
  2．オーバーラッピング（シャドーイング）
  3．リピート用のCDでオーバーラッピング（シャドーイング）
  4．個人・全体でまとめの練習（2回）
  5．パートナーに読んで聞かせる。

【指導案2・解説：音読練習】

③音読練習
1．教科書を開いてCDを再度聞かせる
- 目で文字をしっかり追いながらリスニングを行う。
- 小さな声でCDと一緒に英文を言ってもよい。

2．オーバーラッピング（シャドーイング）

　指示例）Next, let's try overlapping. Read the story with the sound of CD.

- ・CDと同時のタイミングで，音読をする。
- ・発音やイントネーションに気をつけるように指導する。

3．リピート用のCDでオーバーラッピング（シャドーイング）

- ・CDに入っているポーズ入りの音声に合わせて練習する。
- ・聞いて繰り返す方法ではなく，CDと同時に一度読み，ポーズのところでもう一度繰り返す方法で行っている。（1文につき2回ずつ読むことになる）

※ここで，必要に応じてパート読みや，感情を考えさせたリーディングなど，適宜行い，できるだけ回数多く練習ができるようにする。

4．まとめの練習

- ・まとめの音読を行う。

※時間（回数）設定をして最後の個人練習，全員で一斉読みなどが考えられる。

5．パートナーに読んで聞かせる

- ・リーディングシートを用いて，パートナーとお互いにストーリーを読んで聞かせる。振り返りを記入し，今後の個人練習目標を立てさせる。

リーディングシート

【指導案２・授業の実際：音読練習】

1. 教科書を開いて CD を再度聞かせる

    T: Listen to the story together. Open your books to page 62. Hold your books. OK. Three, two, one, start.

    T: Today we will practice reading with a CD later. Before that, let's try reading some more times. I'll give you two minutes. Please practice by yourself. Ready? Start.
    （アップダウンリーディングなどを再度行ってもよい）

2. オーバーラッピング

    T: OK. Stop please. Now it's time to try with the CD.
    I'll play the CD, please try overlapping first. Go back to page 62, and hold your textbook. Are you ready?

    T: How was that? Where is the difficult part?
    （必要に応じて，部分的に練習させる）

3. リピート用 CD でオーバーラッピング（オーバーラッピングマックス）

    T: Now try overlapping Max. Are you ready?

4. まとめの練習（一斉読み）

    T: Now you can read the story very well. Finally show me your great reading all together. Please hold your books. Ready? One, two three, go.

5. パートナーに読んで聞かせる

    T: Good job, everyone.

    T: Finally, please take out your reading sheet.
    Make pairs and check your partner's reading.

    T: That's all for today. Keep practicing at home too.

❖ラウンド4：穴あき音読

　このラウンドでは，ラウンド3で音読練習したことを，自分の表現に少しでも結び付けられるよう，フレーズや言語形式にも着目させながら音読練習をする。授業時間としては1つのUnitを1～1.5時間で進める。

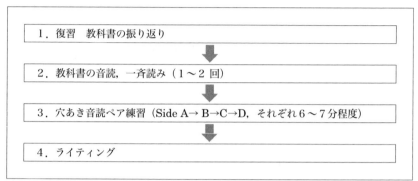

図5　1年生ラウンド4の進め方の例

【指導案】

授業の中で

・たくさんのインプット
・アウトプットを強要しない
・繰り返し何度も
・既習事項，練習したことを使う場面
・How about you? と返す
・できる限り生徒に活動させる

内容・目標
・ラウンド4シートの音読ができる

教材
・CD，CDプレーヤー，ピクチャーカード
・ラウンド4シート，イエローシート（動詞シート）ver.2

流れ
①ウォームアップ

② Unit 6の穴あき音読
詳細
⓪イエローシート（動詞シート）ver.2 などを用いた動詞の確認
①ウォームアップ
　・グリーティング
　・スモールトーク
　・スモールトークで話したことのライティング　など
　※教科書で出てきた（穴あき音読で練習したところを中心に）会話や単語を取り出し会話をさせたりするとよい。Do you like sports? What's your favorite? あたりから発展させる。また，あるパートナーと行った会話を他の人に伝えるということを始めてみてもよい。その際に３単現を使えるのでさりげなくｓを教師が言いながら，確認する。
②穴あき音読ペア練習

【指導案・解説：穴あき音読】

3．穴あきシートＡを使用した音読練習（以下シートＢ〜Ｄを使って繰り返す）
・ペア活動で進めていく。教員の指示で，Ａ〜Ｄへと進めていく。必要に応じて音読活動を盛り込んでいく。シートはＡは動詞を抜き，Ｂは並び替え，Ｃはフレーズ，Ｄは文の中の複数のフレーズを穴にしている。特に１年生では，このシートでの音読を行うことで，文構造への気づきを促すことを狙いとしてシートを作成している。

シートＡ	Mr. Rios: I ☐ she still in bed? Nick:　　I don't k ☐．
シートＢ	Mr. Rios: (still / in / is / she / bed)? Nick:　　I don't know.

・ペアになり，１人が穴あきシートをみながら音読する。もう１人は教科書を開きパートナーの音読をチェックしながら自分自身も教科書の文字をしっかり追う。
・シートが進むにつれて負荷が上がってくるが，テストではないので２人で協力しあって（ヒントを出すなど）取り組むように指導する。

4．穴あきシートＣを見ながらライティング
・出だしの文字のみ書かれていて，文が空欄になっているシートＣを見ながら，自分で書くことに挑戦する。授業でできなかった分は自宅で続きを行い，終わったら教科書と見比べて誤りの訂正をするよう指導する。

【指導案・授業の実際：穴あき音読】

1．復習

　指示例) We are going to start Unit 6 today.
　　　　　Do you remember the story?
　　　　　（いくつか内容に関する質問をする）
　T: Who appeared in this story?
　Ss: Nick, Ms. Rios, Mr. Rios, and Tina?
　T: What are they doing?
　Ss: Eat breakfast?
　T: Yes! They are eating breakfast. What is Nick eating?
　Ss: Pancakes!
　T: How about Tina? Is she eating pancakes?
　Ss: No!! She is in her room.
　T: That's right.
　　Today we will try 穴あきシート of Unit 6.

2．教科書の音読

　　Before that, let's read aloud the textbook together and remember the story.
　　Open your textbook and repeat after me.

・教師の後に続いて音読させる。
・リピートさせる際に，フレーズを意識させることを目的に，フレーズの固まりで区切った音読を心がける。
・場合によってはラウンド３の音読練習にいったん戻るなどして，しっかり音読ができていることを確かめる。

3．穴あきシートＡを使用した音読練習（以下シートＢ～Ｄを使って繰り返す）。

4．穴あきシートＣを見ながらライティング

❖ラウンド5：リテリング

　このラウンドでは，これまで練習，理解してきたことをもとに，教科書のストーリーを自分の言葉で伝えるリテリングに取り組む。全員が知っているストーリーを共通の話題として，教師と生徒，生徒同士のやり取りの中で，新しい表現に触れさせる大きな機会にもなる。ライティングについても，リテリングで話したことだけではなく，自分が会話活動で話したフリートークを，一定の時間の中で書き起こす活動も多く行うようになる。授業時間としては，1 unitにつき2時間程度で進める。

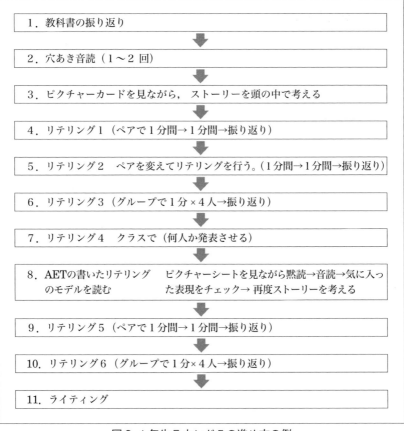

図6　1年生ラウンド5の進め方の例

【指導案１】——リテリングを中心に

授業の中で

・たくさんのインプット
・アウトプットを強要しない
・繰り返し何度も
・既習事項，練習したことを使う場面
・How about you? と返す
・できる限り生徒に活動させる

内容・目標

・各 unit の内容を自分の言葉で伝えられる。

教材

・ＣＤ，ＣＤプレーヤー，ピクチャーカード
・イエローシート（動詞シート）ver. 2

流れ

① ウォームアップ
② Unit 6 のリテリング

詳細

⓪ イエローシート ver. 2 や各 unit の単語表などで動詞などの確認

① ウォームアップ
　・グリーティング
　・スモールトーク（パートナーのことや過去のこと）
　・スモールトークで話したことのライティング　など

② Unit 6 のリテリング
１．教科書本文の振り返り
２．穴あき音読
３．ストーリーを考える
４．リテリング１
　ペア，グループで行った後，クラスでシェアする。

【指導案1・解説：リテリング】

②リテリング
1．教科書本文の振り返り（思い出し）
  ・教師側から，話を思い出すための質問をする。前のラウンドに比べて，話の概要だけではなく，細部を思い出させるような質問も織り交ぜる。
2．Unitの本文音読
3．ストーリーを頭の中で考える
  ・1分程度時間を取り，考えさせる
4．ペアでリテリング
  ・最初は"だめもと"でよいと言ってチャレンジさせる。1人で時間（1分程度）を決めて言わせたり，ペアを変えながら何度か挑戦させる。
    途中黒板にピクチャーカードを貼った状態で，教師‐生徒でやり取りをしながら，言えそうなことを増やすのもよい。
5．グループでリテリング
  ・グループになって1人ずつ順番にリテリングしてみることで，自分自身の練習にすると同時に，他の生徒のを聞いて表現のバリエーションを増やす。
6．個人のリテリングをクラス全体にシェアする
  ・生徒1人に前に出てリテリングをしてもらい，全体にシェアする。
    （話す英語の表現だけではなく，わかりやすさや話すスピード，自分なりのコメントを入れているなど，色々な観点から，良いところを確認するとよい）

【指導案1・授業の実際：リテリング】

1．教科書本文の振り返り
  T: We are going to start Unit 6 today.
     Do you remember the story?
     （いくつか内容に関する質問をする）
  T: Who appeared in this story?
  Ss: Nick, Ms. Rios, Mr. Rios, and Tina
  T: What are they doing?
  Ss: They are eating breakfast.

T: Yes! They are eating breakfast. Nick chose pancakes, right?
Ss: Yes! Mr. Rios is angry.
T: Oh, is he angry? Why?
Ss: Because Nick said "Pancakes!"
T: Yes. He said "Pancakes!" only. Not "Pancakes, please."
（話を思い出すためのやり取りは，ラウンド4の時と大きく変わらないが，生徒の返答は少しずつフレーズで答えられるようになっていく）

２．教師主導での教科書本文の音読
（全員で一斉読みをさせてもよい）
T: Today, we will try to tell the story of Unit 6.
Before that, let's read the textbook aloud together and remember the story.
Open your textbook and repeat after me.
（教師 - 生徒間で簡単にやり取りをしながら，ピクチャーカードを黒板に貼る）

３．ストーリーを頭の中で考える
T: You have one minutes to think about your story with picture cards.

４．１回目のペアでのリテリング
T: Now try to tell the story to your partner. I will give you 1 minute.
Make pair A, face your partner. Student on the right, try first.
Ready? Start.
T: OK. Now switch roles. Student on the left, it's your turn.
Ready? Start.
T: Time is up. Great job.
Which part is difficult?
Ss:（口々に答える）

○２回目のペアリテリング
T: OK. Now let's try retelling with a different partner. Make pair C and try to tell the story.
Are you ready?
T: This time I'll give you 1 minute for each. Ready? Start.
Ss:（ペアで１人ずつリテリングを行う）

5．グループでリテリング
   T: Great job. Finally let's try retelling in groups.
   　Make groups of 4. Students on the left in the back, hand's up.
   　Today you are the first speaker. Go clockwise.
   　Ready? Start.
   S: Hello. Ss: Hello.
   S: This is Nick. In the morning, ...
   　（1〜2分，その日に決めた時間を測る）
   T: Time's up. Thank you. Second speaker, get ready. Now start.
   　（全員挑戦するまで繰り返す）
6．個人のリテリングをクラス全体にシェアする
   T:（1人を指名する）
   　Today let's enjoy ○○'s retelling. I think it's very nice.
   T:（指名された生徒のリテリングに対して，簡単にコメントをする，他の生徒のやる気につなげる，表現を広げるように心がける。）
   T: That's all for today. Goodbye everyone.

【指導案２】

> 授業の中で
>
> ・たくさんのインプット
> ・アウトプットを強要しない
> ・繰り返し何度も
> ・既習事項，練習したことを使う場面
> ・How about you? と返す
> ・できる限り生徒に活動させる

内容・目標
各 Unit の内容を自分の言葉で伝えられる。

教材
・ＣＤ，ＣＤプレーヤー，ピクチャーカード
・イエローシート（動詞シート）ver. 2

流れ
①ウォームアップ
② Unit 6のリテリング

詳細
⓪イエローシート（動詞シート）ver. 2や各 unit の単語表など
①ウォームアップ
　・グリーティング
　・スモールトーク（パートナーのことや過去のこと）
　・スモールトークで話したことのライティング　など
② Unit 6のリテリング
 1．教科書本文の振り返り
 2．モデル文を音読
　・お気に入りの表現にアンダーラインを引く。
　・もう一度考え直す。
 3．ペアでリテリング
　・グループでリテリング
 4．リテリングを全体でシェア
 5．ライティング

【指導案２・解説：リテリング】

② Unit 6のリテリング

１．教科書本文の振り返り

　教師－生徒でやり取りをする，教科書本文のＣＤを再度聞く，教科書本文を一斉音読させるなど，簡単にストーリーの思い出しを行う。

２．モデル文を提示，音読する

　ＡＬＴなどに協力して書いてもらったリテリングのTeacher's modelのプリントを配布し，語彙や表現，アイデアを膨らませるのに使用する。あくまでも，自分のリテリングのヒントとして用い，Teacher's modelをそのまま言うためのものではないことを確認する。

３．ペア・グループでリテリング

・ペアやグループの形態で，１人ずつ何度かリテリングに挑戦させる。途中黒板にピクチャーカードを貼った状態で，教師－生徒でやりとりをしながら，言えそうなことを増やすのもよい。

４．まとめのリテリング

・ライティングの前にまとめのリテリングを行う。生徒の状況や授業の組み立てによって，ペア，グループなど臨機応変に指示をする。

５．個人のリテリングのライティング

・リテリングノート（ラウンド１で使用したもの）の該当箇所に，リテリングで話したことを自分の力で書く。

・授業内では３分ライティング（３分間書いて，単語数を記録する活動）として行い，続きは家で書くことを推奨する。

【授業の実際：リテリング】

１．教科書本文の振り返り

　T: We will try the Unit 6 story some more times today. In the story from Unit 6, what happens?

　Ss: (思い思いに，色々なシーンの出来事を英語で言おうとする)

　T: That's right. （２～３の質問ややり取りで補ってもよい）
　　First of all, make pairs and try to tell the story again. Do you remember it?

Ready, start.
　Ss:（前時と同じ手順でペアになり，1人ずつリテリングをしてみる）
2．モデル文を提示
　T: OK, good. Today, I have a Teacher's model. Let's get some hints from this sheet.
　　（Teacher's Model を配布する）
　T:（生徒が個々に黙読するのを確認した後）
　　Now let's read aloud together. Everyone, repeat after me.
　T: OK, why don't you practice reading by yourselves and underline your favorite expressions? I can give you two minutes. Ready, start.（自分のリテリングに活かせそうな表現にアンダーラインを引かせる。あまり多くない方がよい）
3．ペアまたはグループでリテリング
　T: Now, make pairs and tell the story to your partner. Please try to use some new phrases. Are you ready? Start.
　　（途中で，教師‐生徒のやり取りなどをはさみながら，何度かリテリングに挑戦させる）
4．まとめのリテリング
　T: Now, try retelling in groups. Make groups of 4. Students on the right in the front, hands up.
　　Today you are the first speaker.
　　Go clockwise. Ready, start.
5．ライティング
　T: Finally, write your retelling of the story in your notebook. Do you have a retelling notebook? Please get it ready. Write today's date and the weather first.
　　Are you ready? I can give you three minutes. Now start.
　　（生徒は，リテリング用ノートの左ページにリテリングで話したことを書く）
　T: Time is up. Stop writing and count the words.（生徒は3分間で書けた語数を記録する）
　　Please try to finish your writing at home.
　　That's all for today. Goodbye everyone.

第3節　2，3年生の4ラウンド

第1節でも触れたが，2，3年生は1年間で4回繰り返す授業展開を行っている（図1）。

この節では2，3年生のラウンドについて詳しく見てみたい。

ここではCOLUMBUS 21 Book 2 Unit 6 "A Therapy Dog" をもとに授業の進め方を再現してみよう。

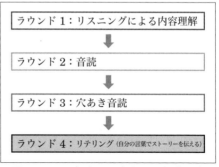

図1　2，3年生の4ラウンドの進め方

❖ラウンド1：リスニングによる内容理解

このラウンドでは音声のインプットからピクチャーカード等を用い，おおまかな内容理解をする。授業時間としては1.5〜2時間で進めていく。

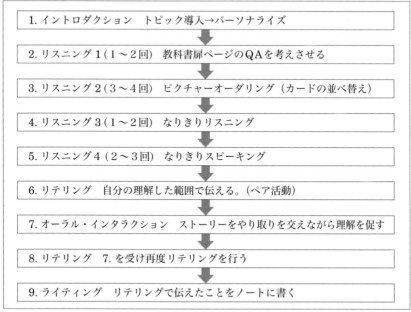

図2　2，3年生ラウンド1の進め方の例

【指導案１】──ピクチャーオーダリング（カード並べ替え）を中心に

> 授業の中で
>
> ・たくさんのインプット
> ・アウトプットを強要しない
> ・繰り返し何度も
> ・既習事項，練習したことを使う場面
> ・How about you? と返す
> ・できる限り生徒に活動させる

内容・目標
・Unit 6 の概要を理解できる

教材
・CD，CD プレーヤー

流れ
① あいさつ
② スモールトーク（"What did you do yesterday？" など）
③ Unit 6 の内容理解

詳細
① あいさつ
　　月日，曜日，日付の確認
② スモールトーク
　1．ティーチャートーク
　2．教師 - 生徒でやり取り
　3．パートナーとのやり取り
　4．教師 - 生徒でやり取り
　5．パートナーとのやり取り
　6．生徒同士でやり取り
　7．ライティング
※生徒の様子によって活動をアレンジする。
③ Unit 6 内容理解
　1．トピック導入，Unit 2の内容を振り返る。

ピクチャーカードを見せながら教師と生徒でインタラクション。
○ピクチャーカードでパートナーとストーリーを伝え合う。
○ストーリーに登場する犬に触れる。Rustyと名付けられたことに触れ，扉に入る。
○教科書の扉のQAに取り込む
２．リスニング１
○QA解答確認
　　・パートナー
　　・全体
○再度パートナーに伝える。
○内容確認QA
３．ピクチャーカード並べ替え
　　・CDを聞く。
　　・パートナーと並べ替え。
　　・全体で確認。
　　・再度CDを聞く。

【指導案１・解説：リスニングによる内容理解】

③ Unit 6内容理解

１．Unit 2の内容の振り返り（ピクチャーカードを見せ，生徒とのインタラクション）
　　発問例）Do you remember this dog?
　　　　　　What happened to this dog?
　　（Unit 6で登場する犬はUnit 2で出てきているので，その話を思い出しながらこのunitの話に引き込んでいく質問を問いかける）
　　・教師の発問に自由に発言させるが，犬がその時にどうなったかを確認するように発問をする。
○ピクチャーカードを見ながらパートナーとUnit 2のストーリーの振り返りを行う。（ペア活動）
２．リスニング１
　　ストーリーで登場する犬には名前がつけられた旨を伝え，その犬の名前を

聞き取らせるタスクを課し，1回目のリスニングを行う。
○教科書の扉のページを開き，CDでストーリーを聞きながら教科書扉に掲載のQAに取り組む
○個人で取り組んだ後，ペアで自由に意見交換させる（日本語，英語は問わない）。
　・全体で答えの確認をする。必要があれば，もう一度CDを聞く。
○教師から新たにいくつか質問をする
○教科書unitの「扉」にあるQAの解答を確認する
　・ペア
　・全体
○もう一度教科書のストーリーを通して聞く
　・ストーリーを純粋に楽しめる雰囲気を作る。
3．ピクチャーカード並べ替え
　・ピクチャーカードをランダムに黒板に貼り付ける。
　・話の流れに沿って並べ替えるタスクを伝える。
　・CDを聞きながらピクチャーカードの順番を各自考える。
　・パートナーとストーリーにふさわしいピクチャーカードの順番を確認する。
　・全体で確認（必要に応じて話を再度聞く）。
　・並べ替えを完了後，再度ピクチャーカードを見ながら話をCDで聞く。

【指導案1・授業の実際：ピクチャーカード並べ替え】

1．Unit 2のピクチャーカードで内容の振り返り
　T: Look at this picture. Do you remember this story?
　　（Unit 6はUnit 2で登場した犬が再び登場する話。そこで，導入はUnit 2のピクチャーカードを用いて振り返りから行うことにした。生徒は"Goro", "Taku and Nick were walking along the river.", "A small dog." などキーワードを思い思いに言い出す。）
　T: OK, you remember the story. Why don't you tell it to your partner?
　　（ピクチャーカードを渡し，リテリングを行い，ストーリーをさらに思い出

させる。生徒はパートナーと Unit 2のリテリングに取り組む。）
T: Do you remember the story well? What were Taku and Nick doing?
（その後，全体で Unit 2のストーリーの確認を行う。ここでは，Unit 6で登場する犬がキーワードになってくるので，その犬がどのように発見され，その後どうなったかまでを確認していく。）
T: They were walking along the river. What happened then?
Ss: Goro was running.
T: Who is Goro?
Ss: Nick's dog.
T: Yes. Why did he start running?
Ss: He found something.
T: What was it?
Ss: A small dog.
T: Right. Goro found a small dog. How was the small dog?
Ss: Not good.
T: Right. The small dog is thin and weak. So what did they do for the small dog?
Ss: Dog hospital.
T: Right. They took the small dog to the vet. We call a doctor for animals a vet.
After that, how was the dog?
Ss: Good.
T: Yes. The small dog was getting better. Then what happened to the small dog?
Ss: Nick found a home.
T: Yes. Nick and Taku found a home for lost dogs.
So now the small dog is there.
（このように全体で改めてストーリーを振り返り，そして今回の unit へとつなげていく。）

2．リスニング1
T: Actually, the dog has a name. Now try to get the dog's name

from the story.
(前回の unit では犬には名前がなかったが今回の話では名前がつけられている。そこで，まず Unit 6のストーリーを聞かせ名前を聞き取らせるというタスクを課しながら1回目のリスニングへと進めていく)

○リスニング1回目
　T: Did you get the dog's name?（実際は聞き始めてすぐに名前が出てきてしまうので生徒の笑いが起こっている。）
　Ss: Rusty.
　T: Yes. That's right. The dog's name is Rusty. You are great! Why don't you try the question and answer section / part in your textbook on page 110.

○リスニング2回目
　T: Did you answer all of the questions?
　Ss: Yes.
　T: Good. Now, check your answers with your partner.

○ペアで答えの確認
　T: Did you check your answers with your partners?
　Ss: Yes.
　T: OK. Now check the answers together.

○クラス全体で答えの確認

3．ピクチャーカード並べ替え
　T: Good job, everyone. Today, I have many picture cards, too. (Put them on the blackboard.) Now, they are not in order. Please put them in order for the story.

○リスニング3回目
　T: Are you ready to put them in order?
　Ss: Yes.
　T: OK. Now check with your partners.

○ペアで確認
　T: Did you check with your partner? Now, let's check all together. Which one comes first?（パートナーと確認したのち全体で確認を行う。たいていの場合意見が分かれる。それがチャンスであり，そうなった時には

もう一度ストーリーを聞かせる。）
　S: On the first line, the second from right.
　T: OK. This one? ...
　T: All right. Does everyone think so?
　Ss: Yes.
　T: You did a good job! Now listen to the story again with picture
　　　cards.（ピクチャーカードを並べ終えたところで，もう一度絵を見ながらス
　　　トーリーを聞く）
○リスニング
　T: How was that? Are these OK?
　Ss: Yes.
　T: You did a good job. That's all!

【指導案２】──リテリングを中心に

|内容・目標|
・Unit 6 の概要を理解できる
|教材|
・CD，DVD プレーヤー
|流れ|
①あいさつ
②スモールトーク　What did you do yesterday ？など
③ Unit 6 の内容確認
|詳細|
①あいさつ
　月日，曜日，日付
②会話
　１．ティーチャートーク
　２．教師 - 生徒でやり取り
　３．パートナーとのやり取り
　４．教師 - 生徒でやり取り
　５．パートナーとのやり取り
　６．生徒同士でやり取り
　７．ライティング
　※生徒の様子によって活動をアレンジする。
③ Unit 6 の内容確認
　１．Unit 2 の内容を振り返る。
〇ピクチャーカードを見せながら教師 - 生徒でインタラクション。
〇ピクチャーカードでパートナーとストーリーを伝え合う。
〇ストーリーに登場する犬に触れる。Rusty と名付けられたことに触れ，扉に入る。
　２．なりきりリスニング
　３．なりきりスピーキング
　４．リテリング（パートナーにストーリーを伝える）
　５．オーラル・インタラクション

6．リテリング（再度パートナーにストーリーを伝える）
7．ライティング
　※進度は適宜。2回の中で終わらせる目安。終わらなければ無理せず3回展開で行う。

【指導案2・解説：内容理解】

③ Unit 6 の内容理解
1．**教科書本文の振り返り**
　・発問例）What's the dog's name?
　　　　　　What happened to this dog?　など
　・ピクチャーカードを再度順番に並べながら話の確認
2．**なりきりリスニング**
　・話に登場するキャラクターを確認し，そのうちの誰か1人になりきり，黒板のピクチャーカードを見て，その登場人物の発話に注意しながら話を聞く。
3．**なりきりスピーキング**
　・話に登場するキャラクターの1人になりきって，少なくとも1つのセリフについてCDと同じタイミングで発話をする。
　※発話すること自体が目的ではなく，あくまでもリスニングさせることが目的。その過程の中で言えたらさらに良いというスタンスで活動を見守る。
　※何度かキャラクター替えを行う。
4．**リテリング**
　ピクチャーカードを用いてパートナーに自分のわかった範囲で，かつ言える範囲で教科書のストーリーを伝える。
　（状況に応じて，パートナーとストーリーを絵ごとに交互に伝え合うリレースピーキングを行ったり，前半，後半で話を一緒に確認するなど活動を変える。）
5．**オーラル・インタラクション**
　生徒のリテリングを受け，生徒とのやり取りを交えながら話を確認していく。生徒にとっては言いたかったけれども言えなかったことを補うインプットとなる。その後再度リテリングをペアで行う。
6．**ライティング**

リテリングしたことを各自リテリングノートに3分間で書く。

【指導案2・授業の実際：内容理解】

1．教科書本文の振り返り

 T: Do you remember the dog's name? What is it?
 S: Rusty.
 T: Right. Where is the dog now?
 S: The dog is staying at the home for lost dogs.
 T: What is the dog doing there?
 S: A therapy dog.
 T: The dog is training to be a therapy dog.
  OK. You remember the story. Now put the picture cards together. Which one is the first? ....

2．なりきりリスニング

 T: All right. Now try なりきりリスニング．
 How many characters are there in the story?
 Choose one character. Who will be Nick? Who will be Tina? Who will be Mr. Aoki?
 Now start!

3．なりきりスピーキング

 T: Good job, everyone. Now try なりきりスピーキング．Choose one character. Who will be Nick? Who will be Tina? Who will be Mr. Aoki? Try to speak with the character with the same timing at least once. Now start.（なりきりスピーキングはうまく言えることが目的ではなく，目的はあくまでも"ストーリーを聞かせること"。インプットの一環で行っている活動。）

4．リテリング

 T: Good job. Why don't you try to tell the story to your partner with the picture cards. Try to do it with your partner A, and start with the student on the right. Tell the story to your partner in a minute. Now start.
 T: Time is up. Swap, please. Now student on the left, it's your

turn. Start.

（中略）

5．オーラル・インタラクション

　T: Time is up. Now I'll tell you the story. Please listen.

6．リテリング

　T: Why don't you try retelling it again. This time, try the retelling with your partner C. Retell the story with your partner in two minutes.

　（ここでは1人でストーリーを言うのではなく，パートナーと協力してストーリーを完成させるというパターンを使った）

7．ライティング

　T: Good job, everyone. Open your notebooks, please. Write down your retelling in your notebooks in three minutes. Now start.

❖ラウンド2：音読

　このラウンドでは，ラウンド1でおおまかな内容理解をした教科書本文を音読する。新出語や（必要に応じて）文法事項もこのラウンドで扱っていく。このラウンドは授業時間としては，1〜1.5時間程度かけて進める。

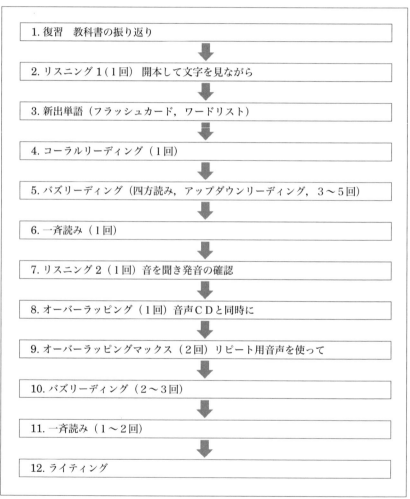

図3　2,3年生ラウンド2の進め方の例

【指導案１】

授業の中で

- たくさんのインプット
- アウトプットを強要しない
- 繰り返し何度も
- 既習事項，練習したことを使う場面
- How about you? と返す
- できる限り生徒に活動させる

内容・目標

- 形容詞
- 会話活動
- 不定詞
- Unit 6の音読ができる

教材

- CD，CDプレーヤー
- ハンドアウト

流れ

① あいさつ
② 形容詞シート
③ 会話活動
　 "About yesterday" など（週末であれば "About the weekend" なども）のトピックからグループでのスピーチ活動
④ 不定詞
⑤ Unit 6の音読

詳細

① あいさつ
　 月日，曜日，日付の確認

② 形容詞シート
　 プラス情報を付け加えるときに，さらにバリエーションをもたせる，など動機づけをした後に形容詞を導入する。

③会話活動
・ペアでそれぞれスピーカー，リポーターを務める。
・スピーカーは1分間トピックスについてスピーチをする。
・スピーチの後，1人最低2つはスピーチについて質問をする。(3分間) そこからグループでの会話に発展してもよい。
・最後にリポーターが班で話したことを全体に報告する。
・自分たちの班のリポーターのリポートをもとにライティング。
④不定詞
・前時に扱った表現を確認。
・教科書の活動に取り組む。
　（＋αとしてシャドウイングに取り組むなどして表現の定着を図る）
⑤Unit 6の音読
1．教科書本文の振り返り
2．リスニング1
3．新出単語
4．コーラルリーディング
5．バズリーディング
6．一斉読み
※次時に音読チェックを行うと伝える

【指導案1・解説：音読】

⑤音読
1．**教科書本文の振り返り**
　ラウンド1でおおまかに理解した内容をやり取りをしながら確認する。
2．**リスニング1**
　内容を思い出した後，教科書を見ながら本文のリスニングを行う。
3．**新出単語**
　フラッシュカードを用いて発音の確認を行う。その後新出単語のリスト（次ページ）を配りパートナーと発音練習を行う。

単語リスト
新出語に，10個のボックスがついたリストを毎unit配布。教科書で重要語と扱われている語に☆を付け，☆は書けるようにと指示している。ボックスは練習したらチェックを入れていく。ペアでパートナーにチェックを入れてもらう。

```
Unit 6 A Therapy Dog
□□□□□□□□□□  become ☆
□□□□□□□□□□  therapy
□□□□□□□□□□  friendly ☆
```

4．コーラルリーディング
　単語の発音確認をした後，教員のモデルに続いて教科書本文を1文ごと発音する。(unit全部を通して)

5．バズリーディング
　それぞれが自分のペースで音読練習を行う。教員が生徒の状況を把握するために四方読みやアップダウンリーディングを取り入れて必要に応じてサポートに入れるようにする。

6．一斉読み
　Unit 6の本文全体を通じて生徒だけで読ませる。クラス全体で行うが発音できているかを確認する。

【指導案1・授業の実際：音読】

1．教科書本文の振り返り
　T: Do you remember this story?（ピクチャーカードを見せる）Tell me about the story.（生徒は思い思いに覚えていることを言い出す。出てきた内容をつなげながらストーリーを簡単に確認していく）
　T: OK. You remember the story well. Today try to read the story aloud.
　First try to listen to the story. Open your textbooks to page 54.

2．リスニング1
　T: Check the new words together.
　（フラッシュカードを用いて新出語を導入する。2年生では始めにスペルを見せ発音させてみたりする。）

3．新出単語

T: Now I'll give you a list of new words. Please practice by yourself in two minutes.
（数分間時間をとりそれぞれ確認をさせる。適宜個人個人の質問を受け付ける）

T: OK. Now check with your partner. Exchange your list with your partner. Start with the student on the left. Student on the right, check your partner's pronunciation.
（パートナーの発音を確認）

T: Once again, check the new words together.
（再度発音できているかを確認するために全員で行う）

4．コーラルリーディング
（うまく音読できないところなどあればフォローする）

T: You are ready to read the story. Hold your textbook, then repeat after me.

5．バズリーディング
（生徒の取り組みの様子を見ながら必要に応じてサポートする）

T: Now practice by yourself. Try 回転リーディング. Everyone, stand up, please. Until I say "Stop," keep practicing. Start.

6．一斉読み
（ここで読めていない箇所があれば全体で確認し練習する）

T: Stop, please. Once again, try to read the text aloud together. One, two, three, now.

【指導案２】——オーバーラッピングを中心に

内容・目標
- 会話活動
- 音読チェック
- Unit 6の音読ができる

教材
- CD，CDプレーヤー
- ハンドアウト

流れ
① あいさつ
② 会話活動
　"About yesterday" など（週末であれば "About the weekend" なども）のトピックからグループでのスピーチ活動
③ Unit 6の音読
④ 音読チェック

詳細
① あいさつ
　月日，曜日，日付の確認
② 会話活動
- スピーカー，リポーターを決める。
- スピーカーは1分間トピックについてスピーチをする。
- スピーチの後，1人最低2つはスピーチについて質問をする。（3分間）そこからグループでの会話に発展してもよい。
- 最後にリポーターが班で話したことを全体に報告する。
- 自分たちの班のリポーターのリポートをもとにライティング。

③ Unit 6の音読
1．一斉読み
2．リスニング
3．オーバーラッピング
4．オーバーラッピングマックス
5．バズリーディング

6．一斉読み
7．ライティング
④音読チェック
・待っている生徒は練習。
・終わったところのライティング。

【指導案２・解説：音読】

③Unit 6の音読
1．一斉読み
　前時に練習した教科書本文の音読を行う。状況に応じて何度か練習させたり，発音の確認を行う。
2．リスニング
　あらためて音の確認を行う。
3．オーバーラッピング～4．オーバーラッピングマックス
　教科書ＣＤに合わせて音読を行う。始めはunitを通じて行い，その後リピート用のポーズの入った音声を使う。1回目はオーバーラッピングし，リピート部分でその文を自分で音読する活動（オーバーラッピングマックスと名付けている）を行う。
5．バズリーディング
　それぞれの生徒がまとめとしてあらためて個人で音読練習を行う。
6．一斉読み
　最後にまとめとしてUnit 6全体を通じて生徒だけで読ませる。
7．ライティング
　※時間の余裕があれば教科書本文書き写しを行う。
④音読チェック
　教員が1人ひとりの生徒の音読をチェックする時間をこのラウンドでは設けるようにしている。これは1人ひとり行う。待っている間は各自もしくはペアで読む練習をおこなっている。

【指導案２・授業の実際：音読】

1．一斉読み

T: Try to read the story aloud together. Open your books to page 54, then hold your books. Are you ready? One, two, three, now. Why don't you try to read the story aloud again. Try アップダウンリーディング．Now start.

（状況に応じて再度練習させる）

（2．リスニングは略）

3．オーバーラッピング

T: OK. Now try overlapping with the CD. Go back to page 54 and hold your text. Are you ready?

T: How was that?

（うまく発音できないところなどがある場合にはここで再度練習をさせる）

4．オーバーラッピングマックス

T: OK. Now try overlapping max. Are you ready?

5．バズリーディング

T: You tried well. Now once again practice by yourself.

T: You read the story aloud well. Try to read the story aloud again. Hold your books. One, two, three, now.

T: Good job, everyone.

❖ラウンド3：穴あき音読

　このラウンドでは，ラウンド2で音読練習したことを，自分の表現につなげられるよう言語形式にフォーカスしながら音読練習を進めていく。授業時間としては1つのunitを1〜1．5時間程度かけて進める。

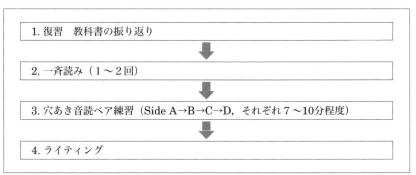

図4　2，3年生ラウンド3の進め方の例

【指導案】

授業の中で

・たくさんのインプット
・アウトプットを強要しない
・繰り返し何度も
・既習事項，練習したことを使う場面
・How about you? と返す
・できる限り生徒に活動させる

内容・目標
・会話活動
・穴あき音読（文構造を意識させ，アウトプットにつなげるリーディング活動）

教材
・CD，CDプレーヤー
・ハンドアウト

|流れ|
① あいさつ
② 会話活動
　"About yesterday" など（週末であれば "About weekend" なども）のトピックからグループでのスピーチ活動
③ Unit 6の穴あきシートを用いて文構造を意識した音読ができる

|詳細|
① あいさつ
　月日，曜日，日付
② 会話活動
　※トピックとして，夏休みの思い出や，これまで行ったところについて扱うと Unit 5 の内容に絡められる。
・スピーカー，リポーターを決める。
・スピーカーは1分間トピックについてスピーチする。
・スピーチの後，1人最低2つはスピーチについて質問をする。（3分間）そこからグループでの会話に発展してもよい。
・最後のリポーターが班で話したことを全体に報告する。
・自分たちの班のリポーターのリポートをもとにライティング。
③ Unit 6の穴あき音読
1．オーラル・インタラクションにて教科書の内容の振り返り
2．一斉読み（チャンクを意識したモデルリーディング）
3．穴あき音読シート（A〜D）
4．ライティング

【指導案解説：穴あき音読】

③ Unit 6の穴あき音読
1．オーラル・インタラクションにて教科書の内容の振り返り
　内容に関するいくつかの質問を投げかけ，生徒に内容を振り返らせる。
2．一斉読み
　内容を思い出した後，教科書を音読する。
3．穴あき音読シート（A〜D）を使用した音読

ペア活動で行う。教員の指示で，シートA～Dへと進めていく。必要に応じて一斉音読活動を盛り込んでいく。

※2年生の後半のunitではシートAは動詞を抜き，Bは前置詞，Cはフレーズ，Dは文の中の複数のフレーズを穴にしている。穴あきのポイントはそれぞれの学年で必要と判断する要素を穴にするようにしている。ただし，Aではどの学年も動詞を抜いている。

4．穴あきシートCもしくはDを使ってノートにライティングを行う。

【指導案・授業の実際：穴あき音読】

1．教科書の内容の振り返り

T: Look at the picture cards. (Unit 6のピクチャーカードを見せる).
What is this dog's name?

S: Rusty.

T: Yes. The dog's name is Rusty. Now tell me about the story.
(生徒は覚えていることを口ぐちに言い出す。ラウンド2の時と比べると教科書の本文に使われている表現で言い出す様子が見受けられる)

T: OK. You remember the story well. （必要に応じて話をおおまかに振り返ることもある）

2．一斉読み

T: Today you'll try 穴あき reading. So before trying, why don't you try to read the text aloud. Open your textbooks to page 54. Hold your book.
One, two, three, now.

T: Good job. (発音で気になるところがあれば指摘し，再度練習をさせる)

3．穴あき音読シート（A～D）を使用した音読

T: Now I'll give you 穴あきリーディングシート. It's one for two people. Use it with your partner. Today try it with your partner A. Face with your partner A. Start with the student on the right. Student on the left, please check your partner with your textbook. I'll give you a few minutes. Now start.

T: Time is up. Now move on to the side B. Start with the student

on the left this time. Now start.
(以下 7 分程度ずつ時間をとり，進めていく)

T: Time is up. Now try to read aloud with side D. Hold your sheet. One, two, three, now.
(多くの場合読めない場合が多いので，必要に応じて一斉音読活動を行う)

T: Would you like to try to read the text aloud again?

Ss: Yes.

T: Now open your textbooks to page 54. Practice reading the text aloud by yourself for a few minutes. Now start.

T: OK. Now try to read aloud with side D for a few more minutes. Start with the student on the right. Now start.
(うまく読めない場合は教科書の音読に戻し再度チャレンジさせる。穴あきシートの Side D が言えることが目的ではなく，繰り返し本文に触れ，表現が自然と身につくことが目的。)

4．ライティング

T: Time is up. Good try. Now write down the story in your notebooks with side C. Open your notebooks. Now start.
(最後に穴あきシートを使ってのライティングに取り組ませる)

❖ ラウンド 4：リテリング

　このラウンドでは，これまで練習，理解してきたことをもとに教科書のストーリーを自分の言葉で伝えるリテリングに取り組む。授業時間としては 1 つの unit を 2 時間程度かけて進める。

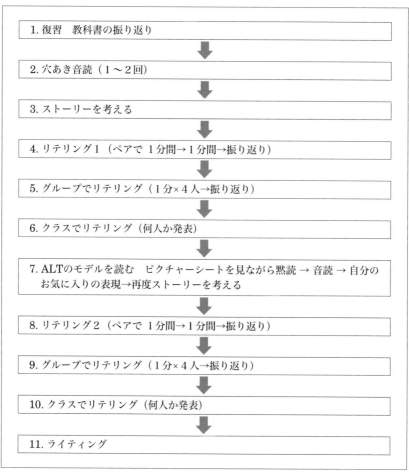

図5　2, 3年生ラウンド4の進め方の例

【指導案１】——リテリングを中心に

授業の中で

- たくさんのインプット
- アウトプットを強要しない
- 繰り返し何度も
- 既習事項，練習したことを使う場面
- How about you? と返す
- できる限り生徒に活動させる

内容・目標

- 会話活動
- 各 Unit の内容を自分の言葉で伝えられる

教材

- CD，CD プレーヤー
- ハンドアウト

流れ

① あいさつ
② 会話活動
　"About yesterday" など（週末であれば "About the weekend" なども）
　のトピックからグループでのスピーチ活動
③ Unit 6 のリテリング①

詳細

① あいさつ
　月日，曜日，日付の確認
② 会話活動
　※トピックとしてこれまでに扱った
　　unit の内容／１語（キーワード）／フレーズ
　　に絡めたことを扱うと，教科書本文の練習が活かされる。
- スピーカー，リポーターを決める。
- スピーカーはトピックについて１分間スピーチをする。
- スピーチの後，１人最低２つはスピーチについて質問をする。（３分間）

そこからグループでの会話に発展させてもよい。
・最後にリポーターが班で話したことを全体に報告をする。
・自分たちの班のリポーターのリポートをもとにライティング。
※リーディングからの会話例
　・150語程度で書かれた英文を読み理解する。
　・内容確認を簡単に行う。
　・表現で触れられるところがあれば触れる。
　・トピックの内容に1文字以上付けたして相手に伝える。
　・ノートに英文を貼りライティング。
③ Unit 6のリテリング
　1．教科書本文の振り返り
　2．ペアでリテリング
　3．グループでリテリング
　4．クラスでリテリング

【指導案1・解説：リテリング】

③ Unit 6のリテリング
　1．教科書本文の振り返り
　　教員からの Unit 6のストーリーに関するいくつかの質問をもとに本文を思い出す。その後教科書を音読する。
　2．ペアでリテリング
　　ピクチャーカードを用いてペアでリテリングに取り組む。ここではまず考えたことを発話してみる。振り返りを行い，次につなげる。
　3．グループでリテリング
　　3～4人で1グループを作り，1人ずつリテリングに取り組む。より多くの発表に触れるように大人数で行う。友だちの発表から多く学んでいる様子が見受けられる。
　4．クラスでリテリング
　　何人かの生徒が前に来てリテリングの発表をする。ボランティアを募ったり，その前の活動をモニターして全体で共有したいと思われる発表をしていた生徒を前に出し，モデルとする。

【指導案1・授業の実際：リテリング】

1．教科書本文の振り返り
   T: Look at the picture cards. Tell me about the story.
   （生徒は思い思いにストーリーを言い始める。誰かが言ったことの続きを言い出すなどの様子がクラスの中に見受けられる。）
○一斉読み
   T: Today you'll try retelling Unit 6. First, try to read the text aloud together. Open your textbooks to page 54. One, two, three, now.
○ストーリーを考える
   T: Good try. Now try to think about the story. You'll tell the story in your own words to your partner with the picture cards. I'll give you a minute. Think about your story.
   （A4判にまとめられたカラーのピクチャーカードをペアに1枚配り、それをもとに話をどのように伝えるか考えさせる。）
2．ペアでリテリング
   T: Now it's time to tell your story to your partner in one minute. Face your partner. Start with the student on the left. Now start.
   （パートナーと1分交代で行う。）
   T: Now review with your partner.
3．グループでリテリング
   T: Next try retelling in a group of three or four. Move your desks. Today start with student No. 3. Next speaker, please hold the picture cards. Now start.
   （グループ内で順番に行っていく。）
   T: Good try. Have a review in your group.
4．クラスでリテリング
   T: Move your desks back. Now why don't you share your retelling with everyone. So I need some volunteers. Who wants to try?
   （1,2回目のリテリングを全体でシェアする。必要に応じて表現の確認を行う。）
   T: Good job, everyone. Next time, we'll try it again.

【指導案２】――リテリングからライティングへ

|内容・目標|
・会話活動
・ラウンド４

|教材|
・CD，CDプレーヤー
・ハンドアウト

|流れ|
①あいさつ
②会話活動
　"About yesterday" など（週末であれば "About the weekend" なども）
　のトピックからグループでのスピーチ活動
③Unit 6 のリテリング②

|詳細|
①あいさつ
　月日，曜日，日付の確認
②会話活動
　※トピックとしてこれまでに扱った
　　unitの内容／１語（キーワード）／フレーズ
　　に絡めたことを扱うと，教科書本文の練習が活かされる。
　・スピーカー，リポーターを決める。
　・スピーカーは１分間トピックについてスピーチをする。
　・スピーチの後，１人最低２つはスピーチについて質問をする。（３分間）
　　そこからグループでの会話に発展してもよい。
　・最後にリポーターが班で話したことを全体に報告をする。
　・自分たちの班のリポーターのリポートをもとにライティング。
　※リーディングからの会話例
　・150語程度で書かれた英文を読み理解する。
　・内容確認を簡単に行う。
　・表現で触れられるところがあれば触れる。
　・トピックの内容に１文字以上付けたし相手に伝える。

・ノートに英文をはりライティング
③リテリング
　1．ALTのモデルを読む
　2．ペアでリテリング
　3．グループでリテリング
　4．クラスでリテリング
　5．ライティング

【指導案2・解説：リテリングからライティングへ】

③リテリング
1．ALTのモデルを読む
　ALTのリテリングを読み表現の仕方を発見し，自分のリテリングに生かす。
2．ペアでリテリング
　ピクチャーカードを用いてペアとリテリングに取り組む。
　1回目に行ったこと，ALTモデルをうまく活用しながら自分のリテリングをよりよいものにしていく。振り返りを行い，次につなげる。
3．グループでリテリング
　ペアでの発表を受けグループでのリテリングを行う。複数の発表を聞くことで表現の学び合いが起こる。
4．クラスでリテリング
　ボランティアを募り全体の前で発表。さらにシェアしたい表現を使っている生徒に発表をさせ，表現の確認や文法事項の確認につなげることもある。
5．ライティング
　自分のリテリングを3分間でリテリングノートに書き留める。

【指導案２・授業の実際：リテリングからライティングへ】

1．ALT のモデルを読む

T: First, why don't you read the ALT's retelling? I'll give you a few minutes. Try to read it by yourself with your picture cards. Start.
（ピクチャーカードを見ながら，ALT のモデルをハンドアウトで配布し，読み，同じ場面でも違う表現や語彙を確認する。）

T: Now, try to read the ALT's story aloud. First, practice by yourself.
If you have any questions, please ask me. Now start.
（内容は同じであるが初見の英文を音読練習させる。発音は全体で確認をすることもあれば，個人個人の質問で対応することもある）

T: Now try to read the story aloud together. One, two, three, now.
（全体で音読させ発音ができているかを確認。必要に応じて適宜練習をさら行う。）

T: Good reading. Now underline your favorite expressions, words and so on. Start.
（ALT のモデルリテリングの中で自分のリテリングに使ってみたい表現や語彙などをピックアップさせる。中には自分が言いたかったことが表現として使われていたりするので生徒はよく取り組んでいる。）

T: Did you find any favorite expressions or words in the story? Why don't you share them with your partner?
（お気に入りの表現や語彙をパートナーとシェアさせ，自分の気づかなかったことや内容を深めさせる。）

T: Now try to tell the ALT's story to your partner with your picture cards. Start with the student on the right this time. Now start.
（ALT になりきってストーリーをピクチャーカードを使いながら相手に伝えていく。）

2．ALT のモデル文を用いたペアでのリテリング

T: Now it's your turn. Think about your retelling again, then tell your story to your partners. I'll give you a minute to think

about your story. Now start.
（1回目のリテリング，ALTモデルを受け，再度自分のリテリングについて考える。）

T: OK. Now it's time to tell your story to your partner. This time try with your partner C. Face your partner C and start with the student at the back. Now start.
（パートナーと1分交代で行う。）

3．グループでリテリング
T: Now review with your partner.
T: Next, try retelling in a group of three or four. Move your desks. Today start with student No. 2. Next speaker, please hold the picture card. Now start.
（グループ内で順番に行っていく。）

4．クラスでリテリング
T: Good try. Have a review in your group.
T: Move your desks back. Now why don't you share your retelling with everyone? So I need some volunteers. Who wants to try?
（全体で1，2回目のリテリングを受けてシェアする。必要に応じて表現，文法の確認なども行っていく。）

5．ライティング
T: How was your retelling? Was it much better than the first time? Finally, write down your story in your notebooks in three minutes. Open your notebooks, please. Now start.
T: Good job, everyone.

第4節　ウォームアップ

　第1節で紹介したように，基本的な授業構成は，始めの15分程度をウォームアップとし，様々な言語活動を展開している。

| ウォームアップ（様々な言語活動）
約15分 | ラウンド制を基に教科書中心の展開
約35分 |

図1　附属中の授業の組み立て方の基本

　ここでの活動はラウンドシステムでの教科書本文でインプットしたことを，様々な状況場面でアウトプットする時間と位置づけている。以下は行っている活動の主なものをまとめたものである。

学　年	内　容
1年生前半	アルファベットカードなどを用いた活動，フォニックス，語彙の導入（形容詞，動詞），NHKラジオ「基礎英語1」を用いての会話活動など
1年生後半	語彙の導入（形容詞，動詞の現在分詞，過去形），会話活動（スピーキング→ライティング），リポーティング，単語カードからのストーリーテリング→ライティングなど
2年生前半	グループチャット（代表生徒のスピーチ→チャット→リポーティング→ライティング），会話活動など
2年生後半	ショートストーリーリーディング→トピックについての感想などのスピーキング→ライティング，会話活動，リテリング（1年生の教科書など）など
3年生	カードを使っての後置修飾練習，ショートストーリーリーディング→ディスカッション，NHK基礎英語LEADシステムで作成した教材を用いた言語活動，提示されたトピックから行うディスカッション，日本の様々なトピックに関してのミニスピーチ，カナダ研修旅行シミュレーション（空港で目にする語彙，アナウンス，入国審査，飲食店での会話など），リテリング（1，2年生の教科書など）など

図2　附属中で行われているウォームアップの活動例

この節では，このようなウォームアップで行っていることを具体的に紹介していきたい。

❖ 1年生前半（〜9月頃）

1年生のウォームアップでは，アルファベットを使った活動や，今後の会話活動に必要であろう語彙を導入したり，自宅で聞くことを推奨しているNHKラジオ講座「基礎英語1」の中で扱われた表現を用いての簡単な会話など，会話活動につながる活動を繰り返し行っている。

①アルファベットカードを用いた活動

アルファベットは中学1年生の授業開始間もなくして導入する。ただし，始めは文字と音の一致のみ。しっかり書かせることは音に慣れてきたところで始める。フラッシュカードを使い発音を確認したら，生徒に1人1セット大文字カード，小文字カードを作らせ保管させる。

●アルファベットかるた（ペア活動）

教員が発音したアルファベットを自分のペアの相手より早く取る活動。音と文字の一致を，4月いっぱいくらいで大文字，小文字を交互に扱いながら展開する。

●アルファベット早並べ

兵庫の加藤京子先生の授業を参観させていただいた時に実践されていたもので，マス目の入った用紙を配り，そのマス目に順番にアルファベットカードを発音しながら並べていく活動。展開としては，以下のようなパターンで行う。

- 1人で大文字，小文字を順番通りに（A–Z, a–z）
- 1人で大文字，小文字を言われた箇所から（例えば，「Tから順番に」や「Zから逆に」など）
- ペアで大文字，小文字を順番通りに（教室内でペア同士の競争）
- ペアで大文字，小文字を言われた箇所から（教室内でペア同士の競争）
- 3〜4人組で大文字，小文字を順番通りに（教室内でグループ同士の競争）
- 3〜4人組で大文字を言われた箇所から（教室内でグループ同士の競争）
- クラスで目標タイムを設定して1人ひとり指示にしたがって取り組む

いろいろ指示を変えながら飽きないように，何度も繰り返し音と文字が一

致するように時間をかけて取り組む。慣れてきたところで音読みを入れ，他の文字と組み合わさった時の音へと自然とつなげ，単語レベルの発音にまでつなげていく。この過程が後のラウンド2への大事な足場となっていく。

②語彙の導入（形容詞，動詞）

アルファベットと並行して，語彙の導入を中学1年生の授業開始間もなく行っていく。導入する語彙としては，月，曜日，天気，身の回りの物，そして今後展開していく会話活動で使用する動詞や形容詞などを扱っていく。ただし，文字での語彙導入は行わない。以下のようなステップで，意味を表すイラストと音で導入を行っていく。

1. 絵カードを用いて発音の導入
2. 個人練習
3. ペアで練習，チェック
4. 教員の言った語の意味を表す絵をペアで早当て
5. その語を使用した文を全体で確認（"This bag is small." などはじめはイラストの描写をするように確認を行っていく）

図3　実際に使用しているカード（形容詞）例

図4　実際に使用しているカード（動詞）例

6. ペアでの早当ての際に例文を自分で考えて言う（この活動に入る前に，いろいろな画像を用い語彙が使えるようなアクティビティーを行った後に行う。はじめのうちは "Ants are small." などそのアクティビティーで出てきたイラストを用いているが，徐々に生徒のオリジナルな発想が飛び交っていく様子が見受けられる）。

このようなステップを2か月程度の時間をかけ，タスクを変えながら，ゆっくりでも何度も何度も繰り返し行っていき，語彙の発音と意味をまずは導入していく。その後，アルファベットの活動が文字から単語レベルに上がってきたのを見計らって，それまで絵のみで発音をしていたカードに文字をプラスしていく。文字も視覚にいれながら発音練習などを行い，綴りの認

識へとつなげていく

　(横浜南高校附属中では，形容詞シートをピンクシート，動詞シートをイエローシートと呼んでいる。それぞれピンク，イエローの色紙に印刷されているからである。その呼び名は3学年共に定着している。以下そのように表記)。

③会話活動
●NHKラジオ講座を用いた会話活動
　「基礎英語1」を日々聞くことを推奨しており，授業でも時折番組の内容を用いている。
　　1．番組のレッスンのイラストを見せ，いくつか質問をし，自由に内容を言わせる。
　　　（質問例）T: Who is this girl? Is she ～?
　　　　　　　　Ss: No. ○○!
　　2．ストーリーを聞かせる。
　　3．CDと一緒に言わせる（シャドーイング，CDの音声のすぐ後に続き発音をしていく。)
　　4．なりきりスピーキング（ラウンド1で行っている活動をここでも行う。キャラクターの1人になりきって一緒のタイミングで発話する）
　　5．その課のターゲットとなる言語材料を用いた質問文を使い，教員と何人かの生徒でやり取り。
　　6．ペアでその質問文を使ってやり取り。
　　　場合によっては，その答えをさらにふくらませていったり（感想や，気持ちをプラスして答える…など）する。
　時折授業の活動として取り入れることで，生徒が聞き続ける動機づけの1つとなっている。
●ティーチャートークからの会話活動
　1年生の初期ではまだ語彙も多くないため，トピックを与えての会話というのがなかなか難しい。そうした中でもイエローシート，ピンクシートの語彙（動詞，形容詞）に慣れてきたところで，うまくティーチャートークや教科書のトピックに合わせながら会話活動を展開していく。
Ss: Hello, Mr. Nishimura.
T: Hello, everyone. How are you today?

Ss: I'm tired. / I'm hungry. / I'm fine, thank you, and you?
T: I'm very excited because I watched a volleyball game on TV yesterday. It was really good. So I'm still excited. Do you like volleyball, S_1?
S_1: No.
T: Do you like sports?
S_1: Yes.
T: What's your favorite sport?
S_1: ...
T: What's Min-ho's favorite sport?（前回までで触れた教科書登場人物のことを尋ねてみる）
S_1: Basketball.
T: How about you? What's your favorite sports?
S_1: Soccer.
T: Oh, your favorite sport is soccer. How about S_2? Do you like soccer?
S_2: No.
T: What's your favorite sports?
S_2: Badminton.
T: Your favorite is badminton. Who likes badminton?
T: OK. Now talk with your partner about favorite sports. The question is "Do you like sports?"
Ss: Do you like sports?
T: What's your favorite sport?
Ss: What's your favorite sport?
T: Now start.

　1．ティーチャートークでトピックを導入する。
　2．何人かの生徒とやり取りをする（モデルを聞かせる）
　3．③パートナーとやり取りをする。
　という流れで，かつて触れたことのある語彙や表現を使う形で負荷が大きくかかることのないよう，内容にフォーカスして進めていく。

❖ 1年生後半（10月以降〜）

　教科書の扱いもラウンド4あたりまで進み，語彙や表現も徐々に増えてきた時期となる。これまで蓄積したことを活用する場面を増やしていく。

① 語彙の導入（形容詞，動詞）

　イエローシート（動詞），ピンクシート（形容詞）の語彙については，意味と発音はほぼ一致し，綴りも徐々に覚えつつある。表現活動に幅を持たせていくために，イエローシート（動詞）に，同じ語彙ではあるが，現在分詞形，過去形をプラスしていく。意味は理解している上，生徒も違う形（現在進行形，過去形）での表現を教科書の本文中で目にしている。そうした表現を使っていけるように語彙の形の導入をこの時期に行う。すぐに覚えさせるということではなく，様々な活動の形態を持ちながら，長い時間をかけて，何度も繰り返し扱っていき，その形を定着させていく。

② ライティングにつながる会話活動（スピーキング→ライティング）

　1年生での後半メインの活動である。前半期に行っていた簡単な会話活動から発展させ，その日その場で提示されるトピックをもとに長いやり取り（1分程度）を即興で行っていく，いわゆるチャットを繰り広げる。長さに関しては，始めは5往復程度のやり取りを目指させ，その後30秒のやり取り，45秒，最終的に1分というように少しずつ負荷をかけていく。その負荷をかける中での進め方としては，

1．ティーチャートークでトピックの導入
2．教員と何人かの生徒でやり取り
3．ペアでやり取り
4．再度教員と生徒でやり取り
5．ペアを変えてやり取り
6．何人かの生徒に前に出て会話を行わせる
7．ライティング

基本的にはこうした流れで会話活動を展開している。基本的な考え方は，トピック，モデルの提示→会話→再度モデルの提示→会話→モデルという流れであり，アウトプットした後に再度インプットをすることで，言いたかっ

たけれど言えなかったこと，うまくつなげられなかったことが解消され，再度の会話につながる様子も多く見受けられる。また，最後に何組か発表する際の会話のつなげ方や，良い点，また自分だったらどのように続けていくかということをクラス全員で共有し，次回以降の活動へとつなげていく。特に１年生での会話ではこうした各ペアの良い例を数多くクラスで共有することを大事にしている。

　最後には会話の再現という形ではあるが，ライティングを３分間で行う。前述しているように，附属中では文章単位でのライティングは夏休み明けに始める。しかし，12月頃のこの会話活動のライティングでは，話したことを書くというものではあるが，平均して３分間で30～40語を書く様子がある。こうしたライティングも継続して行っていくので，徐々に書ける語数も増えていく様子が見受けられる。

③リポーティング
　会話活動にもう一手間加えた活動となる。ペアで会話したことを別のパートナーに伝えるというものがある。附属中では，横に座っているペア（パートナーA），前後のクロスに座っているペア（パートナーB），前後に座っているペア（パートナーC）と３つの異なるペアを組んでいる。その時の教員の指示でそれぞれのパートナーと活動をしていく。リポーティングは，パートナーAと会話したことを，パートナーCに伝えるなどという具合に行っている。この活動はラウンド５のリテリングを行い始めたあたりで行っていく。相手の情報をしっかりと聞きだし，またそれを伝えるということで，主語がこれまで"I"（一人称）語りだったものを第三者の主語（三人称）に直して伝えることが狙いである。最後には，リポートしたことをライティングさせる。

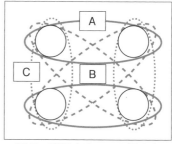

図５　附属中のペアの組み方

④単語カードからのストーリーテリング
　この活動もラウンド５のリテリングを行い始めたあたりで行う。単語カードのイラストを使って物語を作り，相手に伝えるという活動である。イエ

ローシート（動詞），ピンクシート（形容詞）の1枚の絵を選び，その絵についてその語をうまく使いながら話を1分間で展開していくという活動である。この活動はダイアローグではなく，モノローグで，読み聞かせではないが，絵を用いながら相手に伝えるという活動のため，リテリングともリンクしていく活動である。

This is Taro. He is riding on the bike because today is his mother's birthday. He is going shopping. She likes chocolate cake. So he will buy chocolate cake.

図6　実際の生徒の作品例から

　進め方は，①1枚絵を選ばせる，②その絵の状況から話を考える（1分程度，この時書かせたりはしない），③話を相手に伝える，という手順で行う。長さに関しては，始めは5文程度，次に30秒，45秒，1分というように時間をのばし，徐々に言ったことに上塗りしていくように負荷をかけるようにしている。ここでも何人かに発表をしてもらい，話の進め方や語彙の使い方などを全体でシェアする。必要に応じて語彙や文法事項にも触れることもある。最後は話したことを3分間でライティングをする。

　1年生ではこれらのウォームアップを，2，3年生につなげる視点を持ち展開している。授業がスタートした当初は音に触れること，音と文字の一致を重視し，本格的なライティングを夏休み明けまでは行わないが，1年を通してみるとラウンドで進めてきている活動と関連して，書くことを含めた表現の力はついてきているのではないかと考える。

❖2年生前半（～9月頃）

　1年生で行ってきた会話活動を引き続きトピックを変えながら行うと共に，即興性をさらに養う目的で新たな会話活動にも取り組んでいく。

①グループチャット
　3～4人組で行う。
　1．1人が即興で1分間のスピーチをする。トピック（昨日のことなど）はその場で与えられる。

2．代表生徒が行ったスピーチに対し，聞いていたメンバーは1人2つ以上の質問をする。スピーカーは質問に答えるのみでも，他のメンバーにも質問をしながらグループ内でチャットを行ってもよく，進め方はグループに任せる（質問も含め3分間）。
3．スピーカー以外の生徒でリポーターを決め，リポーターは隣のグループに移動し，自分たちのグループで話したことをリポートする。
4．リポーターから聞いたことをノートにライティングする（リポーターは自分のリポートをライティングする）。

　一見複雑そうにも思えるが，何度か行ううちに動きがわかり，スムーズに行える。スピーチを行う生徒はもちろん，聞いている生徒，リポーターもその場で，しかも限られた時間の中で，さらにしっかり役割を果たさないと他のメンバーの活動に影響を及ぼしてしまうという，それぞれの責任を持たせる仕組みを作っている。その時々のトピックに応じたスピーチ，そのスピーチに伴ってその場で考えた質問，また，グループでの会話の様子をその場でまとめてリポートするという活動を繰り返したことで即興性はついていったのではと考える。この活動も何度か実施して終わりではなく，何か月ものスパンで，他の活動を交えながらも取り組んでいった。活動開始当初はリポートがうまくいかないこともあったが，うまくリポートできた生徒にクラス全体へリポートを行ってもらい，モデルをシェアすることで足場とし，徐々に生徒の力を高めていった。

❖2年生後半（10月以降～）

　様々なアウトプットの機会を与えることを中心にウォームアップを行ってきたが，2年生後半あたりから，新たな活動も盛り込んでいく。

①ショートストーリーリーディング
　教科書以外のインプットを提示することと初見の読み物を読む力をつける意図で100語前後のショートストーリー（浜島書店「じゃれマガ」など）にＱＡをつけ取り組ませる。流れとしては，以下の手順で行う。
　1．各自でストーリーを読む。
　2．ＱＡに答える。
　3．ペアで答えの確認をした後全体で確認。合わせて内容の確認をＱＡな

　　　　どインタラクションを通じて行う。
　4．音読をする。
　5．パートナーに読んで聞かせた後，自分の意見や感想を伝える。
　6．ノートに感想，意見を書く。
　この活動は3年生でも行っており，読み終えた後の活動にバリエーションが加わる。一例として，ペアで違うストーリーを渡し，
　1．各自自分に与えられたストーリーを読む。
　2．前後の同じストーリーを読んでいるペアで内容確認。
　3．音読をする。
　4．横のペアに自分の読んだストーリーの内容を（ストーリーを読むのではなく）自分の言葉で伝える。
　5．聞いた内容をライティングする。
　という展開をしている。
　また，別の例としては，読み終えた後にそのトピックについてペア，グループでディスカッションを行うという展開もしている。例えば，ストーリーにいくつかの国の食べ物が紹介されている時に，どの国の食べ物が一番かというテーマで，書いてある情報をもとにパートナーとディスカッションをし，一番の食べ物を決定した後，それらを前後のペアでシェアした後にディスカッションし，さらに4人の一番の食べ物を決める，という展開なども行っている。
　また，このショートストーリーを用い，ストーリーに出ている未習の文法事項や教科書の本文に出てきた既習の文法事項の確認を行うこともある。

②（1年生の教科書内容の）リテリング
　教科書が3年間を通して同じ登場人物が登場し，成長するストーリーであるため，時として1年生の教科書で出てきた内容が2年生の教科書内容に関連してくることもある。そうした時は，ウォームアップの時間を使って1年生の教科書内容をピクチャーカードを用いてリテリングを行うこともある。

❖3年生

　3年生のウォームアップはこれまでの積み重ねを生かし，様々な活動を行っている。ただし，それらの活動はこれまで2年間に行ってきた活動を発

展させたものがほとんどであり，生徒は学年が上がるにつれて少し負荷が増えるが戸惑うことなく活動に取り組んでいる。また，附属中では3年生は研修旅行として秋にカナダに出かけるため，それに関連した活動も多く行っている。

①カードを使っての後置修飾練習

　この活動は3年生夏休み以降に行っている。この時期には関係代名詞にも触れ，様々な修飾の仕方を知ることになる。生徒に言葉のかたまりを意識させるためにこの活動を行っている。生徒はペアと一緒に，名詞カード，動詞カード，形容詞カード，前置詞カード，をそれぞれ10枚ずつ持っている。授業開始後に配られたカードに，ペアで品詞ごとに自分たちで好きな語を書いている。それらの手持ちの語を使い，できる限り多くの（意味のある）名詞句を作成する，名詞句を作りそれらを各自で文にあてはめる，できる限り長い名詞句を作る，などその都度テーマを出し，カードを並べていくことでそのテーマに沿ったフレーズや文を作り出していく。カードはそれぞれ品詞ごとに色分けされているので，語の並び方が視覚的にもわかるようにしてある。

　実際に行っているウォームアップのいくつかを紹介したが，附属中ではこうした活動をほぼ毎回の授業の始めに展開している。ラウンドシステムで進めている教科書で扱ったことを，実際に使う場として，また，使うことでさらに教科書で触れることに意味を見出させる場として，大切にしている時間である。ラウンドシステムの授業は教科書を繰り返し扱うことが特徴であるが，実際生徒が教科書の本文を中心に学んだ表現を活用している様子を考えると，こうしたウォームアップも含めて力を伸ばしていると言えるのかもしれない。

　授業中の生徒の様子を見たある方から，「（附属中の）生徒さんの様子はイマージョンを受けている生徒の様子に似ている」というコメントをいただいたことがある。実際にイマージョンの教室現場や生徒の様子を拝見したことはないが，その方にうかがってみると「とにかく物怖じせずに話す様子」ということを理由の1つに挙げられた。ストーリーを楽しんだり，登場人物の心情を考えたりする本文を何度も扱うことで定着を図り，それらを活用する場面ととらえているウォームアップでの様々な活動が大きく影響していると考えている。

第5節　文法指導

❖状況のある中で使わせながらルールを確認

　文法の扱いは，基本的に状況のある中で使わせながら確認していくというスタイルで扱っている。「文法を教えないで本文を聞かせて生徒はわかるのか」という疑問を抱かれるかもしれないが，状況があること，ピクチャーカードがあることで生徒は話の流れ（内容）をつかむことができる。実際に「"I am Saito Takuma." ってどういう意味ですか？ この is って何ですか？」などという質問は出てこない。その後何度も聞いたり，文字を目にする中で徐々に文の形式に意識がいき始めるが，生徒はウォームアップの会話活動で be 動詞を使ったり，一般動詞を使ったり，wh 疑問文を使ったり，と教科書の本文で出てくることに繰り返し触れる中，まねをし始めることから始まり，だんだんと自分でアレンジして使うようになっていく様子が見受けられる。使い始めたり，何度も目に触れ，そろそろ使う（使わせたい）タイミングでルールについて触れる。多くの場合がラウンド 2，3 あたりで扱われる。また，一度で終わることなく何度も違う状況で使用された文章などで触れさせていく工夫をしている。
　いくつか文法事項の指導の実際を見てみたい。

❖例1・be 動詞──扱う時期1年生7月頃

　be 動詞は授業初日よりティーチャートークにも出てくる。生徒も授業2時間目の自己紹介で当たり前のように使っている。教科書の本文にも（文字は見せずに音声のみであるが）am, is, are は Unit 2 までには出てくる。授業スタートあたりは特に教員と生徒のインタラクションが多いが，その中で be 動詞の疑問文を用いて尋ねたり，I am ～ / You are ～？/ This is ～ / That is ～ / ○○ is ～等を意図的に使い分け聞かせる。かつ，聞かせつつも生徒同士のやり取りにつなげ，その中で相手に質問することも Are you ～？/ Is ○○～？等と生徒は解説がなくとも使っている。そのように聞かせ，使わせつつ教科書のラウンド 2 に入ったところでルールについて次のようにまとめる。

T: When you tell about yourself, what do you say? For example, what's my name?
Ss: Nishimura.
T: Yes. I ...
Ss: am
T: Yes. I am Hideyuki Nishimura.
T: Then, you ...（ある生徒に向かって）
Ss: are
T: Yes. You are ○○さん.
T: How about this boy?（教科書登場人物の Taku のイラストを指さして）
Ss: That boy is Taku.
T: Yes. This boy is Taku. We use "am", "are", "and", "is", when we introduce someone or tell somebody something. Can we use these "am / are / is" as we like? Can we say "you am"?
Ss: No.
T: Right. We have some rules to use "am", "are" and "is". We call these "am / are / is" be 動詞. Today find rules for using 動詞.
　Now underline all the sentences with be 動詞 in the story on your sheet. You need three different colored pens.
（教科書の Unit 3 までのすべての文の入ったプリントを配布し，すべての be 動詞に am / are / is をそれぞれ異なった色のペンで線を引かせる。）
※黒板には下のような表を書き am, are, is と共に使われている主語を書き込ませていく。

	am
	are
	is

　このような流れで be 動詞を意識化させルールを確認させていく。主語との関係のみならず，疑問文の作り方，否定形の作り方も合わせて確認していく。実際，生徒はここにいたるまで am, are, is の使い分け（活動としては，自己紹介をした後に，you are 〜で相手の言ったことを繰り返したり，This is 〜. She is 〜. などとパートナーをほかの人に紹介するなどしている）を行っていた

が，改めてルールを確認していくと，「本当だ！」「そうなの？」などという声をあげながら be 動詞ハンティングを行い，ルールの理解を深めていく。同様に一般動詞や3単現の -s，過去形なども状況のある中で教科書本文に触れさせ，確認していくという形で扱っている。

❖例2・比較級，最上級——扱う時期2年生10月頃（ラウンド3にて）

　ウォームアップの活動の会話で例えばテレビ番組が話題になった時に，"Which program is more interesting, ○○ or △△ ? I think ○○ is more interesting than △△, because .... How about you? Which program is more interesting, ○○ or △△?" などやり取りを行い，その後にパートナーと会話をするなどを行ってきている中，教科書本文に出てきている状況（登場人物たちがバンドの演奏をしている）を用いて表現（ここでは比較級）の確認を行う。

T: Do you remember this story? Listen to the story again.
（音入りのストーリーを聞かせる）
T: Taku, Aya, Min-ho and Tina play loudly.
（ピクチャーカードを黒板に貼る）

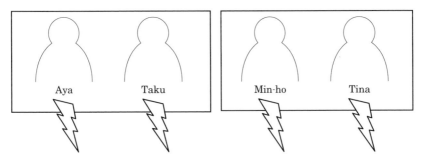

T: Who does Taku think plays louder (himself), Taku or Aya?
　 Ss: Aya.
T: Right.（ピクチャーカードの下の音の出ているイラストを大きく書き直しながら）Taku thinks Aya plays louder than Taku.

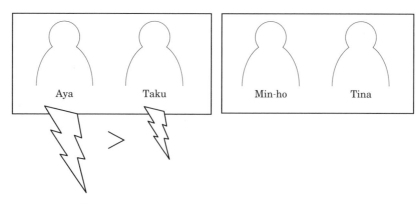

louder than Taku

と板書で示す。

    How about Aya? Who does Aya think plays louder?
Ss: Taku.
T: Yes.（イラストを書き直しながら）Aya thinks Taku plays louder than her, Min-ho and Tina.
    （イラストを指示しながら）So Min-ho thinks Taku plays the loudest of all.

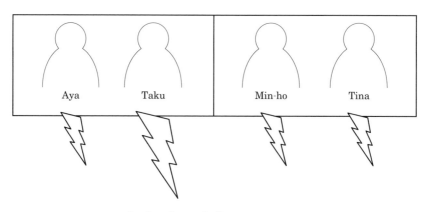

the loudest of all

と板書で示す。その後,

 What do you think? Do you think Taku plays louder than Aya?
 Do you think Taku plays the loudest of all?
 Listen to the story again. Think about who plays louder and who plays the loudest of all.

と,ストーリーの中で触れられていることを改めて確認し,その後自分たちでその表現を使った文を考えさせ,言わせてみせる。生徒は内容,状況ともに音声で何度も触れてきていることなので,言語の形式に意識を向けやすい。授業の流れの中で15分程度で確認を終える。

　その後1〜2か月した後に別の文脈で比較級,最上級の使われているショートストーリーなどを用いその形,使い方を再度確認させる。以下はアメリカ・ミネソタ州の気候についてのショートストーリーにまつわるやり取りの例である。

T: Where is Minnesota located in the U.S.?
S: North.
T: Yes. It's located in the north of the U.S. Now what happened to Minnesota? People there, like you, have a winter season. What kind of winter are they having?
S: The coldest winter.
T: Right. They are having one of the coldest winters ever in the U.S.

などと,ショートストーリーを読ませ,そのストーリーに書かれているQAに答えた後,やり取りの中で内容,言語形式に意識を向けさせる。その後,音読練習をさせ,相手に文章を見ずに内容を伝えるという活動等につなげ,使う場面を設定する。

　このように本文と絡めながら文法指導を行っているが,基本的なとらえ方として,内容のあるところから言語形式に意識を向けさせ,使う場面の設定を行うという流れを英語科として大切にしている。実際には生徒がすぐにうまく使えるとは限らず,むしろ使わなかったり,使えないことが多い。だからこそ,(インプットとして)文法指導を折に触れ,また教科書本文を繰り返し与え続けていくことが大事であると考えている。

第3章

テスト・評価のしかた

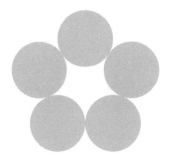

第1節　目標設定

❖3年後の目標

　教科として目指すところは（やや漠然としているが）「自分の言葉で表現できる生徒の育成」と共通認識をしている。具体的には中学校3年間で出てくる文法事項や語彙を用いて，状況や場面に応じて話者である生徒が適切に表現をしていくことをイメージしている。そこまで使えるようになるにはたくさんのインプット，そして多くの使う場面が必要であると考え，このラウンド方式による授業を実践している。まず目標があり，そこへ向かっていくためにどうしたらよいかと考え実践しているのである。

❖それぞれのラウンドの目標

　3年後の目標を見据え，それぞれのラウンドでは目標を設定し，生徒と共有しながら授業を進めている（図1）。ラウンドを始める時にはそれぞれのラウンドの目標を全員で確認し，必要に応じてその後も目標を確認させながら授業の活動に取り組ませている。

　例えば，1年生のラウンド3を見てみよう（p.106図2）。ここでは，目標として，単語の発音が（f, v, th, r, l などに気をつけて）できるようになる，文章を音読することができる，内容を考えて音読することができる，内容を考えて表現のかたまりを意識して音読することができる，内容を考えながらイントネーションをつけ音読することができる，という注意すべき点を掲げている。ラウンド3で行う単語の発音練習や，文章の音読練習，シャドーイングなどに取り組む際には，この注意点を毎回確認させ意識して取り組ませるようにしている。そのように意識させ，取り組ませたその後に，

・教科書本文を英文を持っていない人にもわかるよう読み聞かせることができる。
・練習した単語や発音，表現を自分の会話で使うことができる。

　という目標を設定し，実際には"リーディング・ショー"といって，教科書の音読を皆の前で行い，ストーリーを読み聞かせる機会を作ったり（本章第2節で詳述），また，授業始めのウォームアップでは会話活動に取り組ませていき，それらをラウンドの終わりに振り返りをさせている（p.107図3）。

横浜市立南高等学校附属中学校　目標リスト

	ラウンド1	ラウンド2	ラウンド3	ラウンド4	ラウンド5
1年	☆初めて聞いたストーリーについての概略をつかむことができる。 ☆アナウンスや天気予報など必要な情報を聞き取れる。	☆英語の音を文字と綴り一般化を推測することができる。 ☆教科書の内容から自分で理解することができる。 ☆初めて見た簡単な英語のポスターなどの内容がわかる。	☆単語のv, th, r, l, f等の発音(子音)で一般に自分で気をつけてできるようになる。 ☆文章を音読することができる。 ☆内容を考えながら読むことを意識して音読することができる。 ☆教科書本文を英文を持って読み聞かせることができる。	☆内容を考えながら表現のまとまりを意識して音読することができる。 ☆内容を考えてイントネーションをつけて音読することができる。 ☆練習したテーマについて話したり、書いたりすることができる。	☆相手に伝わるように音読することができる。 ☆ALTの先生の話をしっかりと聞いて伝えることができる。 ☆数科書の話を自分の表現で書くことができる。 ☆友だちの発表を聞き自分の表現を高めることができる。	☆自分の言ったことを10程度の英文でまとめていうことができる。(話す・書く)
2年	☆初めて聞く英文の内容をおおまかにつかむことができる。 ☆英語のニュースなどを聞いた内容を知ることができる。 ☆初めて聞く英文の内容をおおまかに理解し、そこからさらに話を進めることができる。	☆初めて聞くことをこれまで触れた英語のパートナーにわかりやすく伝えることができる。 ☆初めて聞いたことをこれまで触れた英語のパートナーにわかりやすく伝え、そこからさらに話を進めることができる。 ☆英語でアナウンスすることができる。	☆f, v, th, r等の発音ができるようになる。 ☆文全体のポイントを意識して単語、文を考えて音読できるようになる。 ☆内容を考えた音読をするようになる。 ☆英語でアナウンスすることができる。	☆穴あきリーディングシートのC や D が見えるようになる。(語のつながり) ☆練習した表現や語彙を自分の会話で使えるようになる。 ☆より詳しくテーマについて話したり、書いたりすることができる。	☆Book1, Book2で触れてきた色々な表現をリスニングでも使うことができる。(1分程度で話す) ☆テーマにそってわかりやすく相手に話せられる。 ☆組み立てを意識して書いて伝えられる。
3年	☆英語のニュースなどを聞いた内容の詳細までおおまかにつかむことができる。 ☆相手の話をさらに深く理解し、そこから自分の意見を述べることができる。	☆英語でアナウンスすることができる。	☆穴あきリーディングシートのC や D が言えるようになる。 ☆ある内容を考えた音読ができるようになる。 ☆内容を考えた音読ができるようになる。	☆穴あきリーディングシートのC や D が見えるようになる。(語のつながり) ☆練習した表現や語彙を自分の会話で使えるようになる。 ☆あるトピックスについてのレポートが書ける。 ☆テレビショッピングのようなセールストークを作成することができる。	☆その場の状況に応じて、知ってきた表現を簡潔にまとめる。(2分程度で話す・20文程度で書く) ☆英語の表現の仕方を理解し、知ってきた表現を簡潔にまとめ、話せる。 ☆新聞の旅行記などを作成することができる。	☆あるトピックスに対して建設的に自分の意見を発言することができる。 ☆意見を交わすことに気を付けられる。
	英語で自己表現ができる生徒の育成				

図1　3年間の各ラウンドの目標

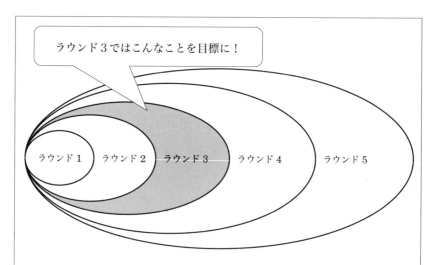

☆単語の発音が（f, v, th, r, l などに気をつけて）できるようになる。
☆文章を音読することができる。
☆内容を考えて音読することができる。
☆内容を考えて表現のかたまりを意識して音読することができる。
☆内容を考えながらイントネーションをつけ音読することができる。

☆教科書本文を英文を持っていない人にもわかるよう読み聞かせることができる。
☆練習した単語や発音，表現を自分の会話で使うことができる。

図2　1年生ラウンド3の目標

振り返りシート

Class_____ No.____ Group____ Name_____

1つもよくできなかった、わからなかった　2つ〜3つ程度できた　3つ〜半分程度できた　4つ〜7つ程度できた　5つ〜ほぼできた

ラウンド3

活動の振り返り

	Unit 1	Unit 2	Unit 3	Unit 4	Unit 5	Unit 6	Unit 7	Unit 8	Unit 9	Unit 10	Unit 11
発音											
音読（文章）											
音読（内容）											
表現のかたまり											
イントネーション											
振り返り											

全体を通して振り返り

そう思わない←1　　　　　　　　　　　そう思う→5

ラウンド3には楽しく取り組めましたか？　　1　2　3　4　5

どのような点が楽しかった（またはそうでなかった）ですか？

次のラウンドに向けて

図3　ラウンド3の振り返りシート

第2節　パフォーマンス評価の具体例

　授業での様々な活動を進めていくことに伴って，各ラウンドの節目の時期には，生徒のパフォーマンスを確認，評価するための活動を実践している。ここでは，定期テスト以外のパフォーマンス評価の例をいくつか紹介する。パフォーマンステストの結果は，各観点で，定期テストを使って評価する割合に対して，7：3程度の割合で評価材料としている。

1．リーディング・ショー（リーディング・テスト）

【実施時期】1年生のラウンド3，2年生のラウンド2の最終段階
【目的】音読のラウンドのまとめとして
【準備】出席番号などを利用したくじびき用カード，ビデオカメラ（必要に応じて），評価用プリント

【生徒への提示】実施日の1週間前くらいに提示する。現在がんばっている音読のまとめとして，1人ずつ全員の前で音読をする機会を設けること。音読で目標としてきた発音やイントネーション，ストーリーを正しく相手に伝えることなどの観点で評価すること。聴き手としては，クラスメートの音読を楽しんで聞くこと，を事前に伝える。
　課題のunitは，指定する場合と自分で選択させる場合がある。自分で選択する場合は，教科書後半のunitの中のどこか1つという形で提示する。

【実施のしかた】発表順は出席番号順でも構わないが，生徒が飽きることがないように，くじびきで順番を決めることも多い。その場合，教師がトップバッターのくじをひき，2番目からは，発表を終えた生徒が次の発表者の番号のくじをひく。
　発表者は教科書を持って教室の前へ出て，次のように発表を進める。

【発表者の発話例】
発表者：Hello, everyone.
Ss: Hello.（このような発表者とクラス全体とのやり取りを大切にしている）
発表者：I will read the story from Unit ◯.

（本文のreadingを行う）Thank you.
Ss：（拍手）
発表者：（くじをひく）The next speaker is Number ○.

【評価】パフォーマンスの評価としては，「発音」「イントネーション」（言語・文化の知識・理解），デリバリー，感情表現など「内容」を伝えられているか（表現）など，その時の授業で大切にしていたことを2つの観点で合計3〜4項目挙げて，各3〜4段階程度で教師が採点をする。

2．リテリング・ショー（リテリング・テスト）

【実施時期】1年生のラウンド5，2年生のラウンド4の最終段階
【目的】リテリングのラウンドのまとめとして
【準備】unit番号が書かれたくじびき用カード，ビデオカメラ（必要に応じて），評価用プリント

【生徒への提示】実施日の1週間前くらいに提示する。リテリングを1人ずつ前で発表する機会を設けること。情報の量，話のわかりやすさ，発表態度などを観点に評価すること。聴き手としては，クラスメートの発表を楽しんで聞くこと。自分の表現力にも役に立つ発表がたくさん聞けるので，ぜひ学び合ってお互いを高め合うこと，を事前に伝える。

　事前に予告した4〜5個のunitの中で，どこが当たるかが当日までわからない方式をとっている。理由は，リテリングはリーディングと異なり，その性質上，繰り返し練習したものの発表というより，それまでに身に着けた語彙や表現を使って，即興性を問う部分が大きいと考えるからである。

【実施のしかた】発表順は出席番号順，座席順など機械的に決める。
　発表者は順番に教室の前へ出て，自分でくじをひき，次のように発表を進める。

【発表者の発話例】
発表者：Hello, everyone.
Ss: Hello.（このような発表者とクラス全体とのやり取りを大切にしている）

発表者：I will tell you the story from Unit ○. Please enjoy it.
　　　　（本文のリテリング）Thank you.
Ss：（拍手）
発表者：The next speaker is ○○（名前）. Please come up.

【評価】パフォーマンスの評価としては，「発音・イントネーション」（言語・文化の知識・理解），「情報量」「話のわかりやすさ」「使用している英語表現の豊かさ」「アイコンタクトなどの発表態度」（表現）など，その時の授業で大切にしていたことを2つの観点で合計3～4項目挙げて，各3～4段階程度で採点をする。

　発表中は，記録としてビデオ撮影をし，生徒の手元にはワークシートなど一切準備をしなかった。感想や相互評価を途中で書くことはせず，純粋にお互いの発表を楽しむ形式をとった。すべての発表が終わった後に，評価項目について自己評価をする欄と教師の評価をフィードバックするための欄が用意されたプリントを配り，記入・提出させる（教師からのフィードバックは後日）。

　リーディング・ショー，リテリング・ショーの両方に共通して言えることだが，評価活動としての色合いより，それまでの練習に自信をつけ，今後の取り組みへのモチベーションを高めるためのイメージの活動になっている。

3. スピーキング・テスト

【実施時期】2年生の6月，3年生の6月（通常の授業時間に設定する）
【目的】日常的にウォームアップで行っている会話活動の成果を確認するため。自己表現のスムーズさを評価するため。
【準備】ビデオカメラ・三脚，教師用・生徒用のいす
【生徒への提示】実施日の3日～1週間くらい前に予告する。

【実施のしかた】廊下にセットしたいすにALTと生徒が座り，会話をする。少し離れたところにビデオカメラを三脚で固定し，撮影しながら，JTEは2人の話す様子を観察する。できるだけ会話中ではなく，すべて会話が終わってから手元の評価シートにすばやく評価を記入する。

　ALTに事前に知らせておいた3つのジャンルの中から，会話をスタートしてもらう。それに返答をする形で，1人2分程度で会話を続ける（ALT

とのやり取りと生徒の語りを合わせて2分程度の設定だが、できるだけ生徒の語りの部分が増えるように、ALTと打ち合わせをしておく）。

実際に行ったジャンルは「スポーツ」「音楽」「勉強」の3種類。廊下で実施している間、教室内ではノートを使った課題に静かに取り組ませる。

【評価】評価の観点は、「会話の態度」（積極的に会話を続けようとしているか、アイコンタクトなど）、「情報量」（1つの話題について、できるだけ詳しく自分のことを話す）、「発音、英語表現」（発音や文の正確さ）を各4段階で評価した。

4. ライティング作品
　　── My Columbus（1年）, My Textbook（2年）, My History（3年）

【実施時期】各学年学年末の2〜3月
【目的】1年間の学習（特にライティング）の集大成としての作品作り。評価活動としての色合いは弱く、作品を完成させて提出することに意義を置いている。
【準備】白無地のノート（1，2年）は生徒が各自で準備。説明のためのプリント、作成のためのスケジュールカレンダー、B4のコピー用紙（3年）については、教師側で準備した。

【生徒への提示】本校では、入試の関係で2月に授業がない日が多く、自宅学習の時期になるため、各教科で宿題を出している。英語科でもこの時期を使って、時間をかけて取り組む1年のまとめの課題として各学年にそれぞれ、My Columbus, My Textbook, My History を課している。

　生徒への提示は1月下旬。提出締め切りは2月末〜3月中旬に随時設定。

【作成のルール】
1年・My Columbus
　　Unit 1〜11のリテリングを利用して、もう1冊の「教科書」を作成する。リテリングで構成される本文のページはもちろん、ユニットの間の生徒が自由に考える付録ページなども含めて、楽しく使える教科書をイメージし、挿絵や扉のページなども工夫する。

2年・My Textbook

　教科書本文や，そのリテリングで学んできた表現を生かして，My Columbus よりも生徒の創作部分が多い，自作の教科書を作成する。キャラクター設定などは自由に工夫し，ストーリーも基本的に自由だが，教科書の各ユニットのトピック（例：旅行記，クラブ活動，出会いと別れなど）を同じように設定することで，教科書で身に着けた表現を活用できることを伝え，それを推奨している。

　1冊の My Textbook を4～5ユニットで構成し，作成している。

3年・My History

　3年生は，この時期，学校として取り組んでいる卒業論文（学校として3年間取り組んでいる，論理的思考力を高めることを目的とした総合的な学習の最終まとめ）の作成も大詰めになるため，1，2年時と比べ，課題の分量は抑え目で設定している。

　1枚の紙（B4）を使用し，自分の中学校3年間をポスターにまとめる形式。新聞風にするか，プレゼン用のポスター風にするかなどは自由だが，しっかり複数の記事を英文でまとめることを指導している。

1年生の My Columbus 作品例・1

1年生のMy Columbus作品例・2

2年生のMy Textbook作品例

第3節　テスト

❖授業で扱ったところを測れるように

　テストの基本的な考えは，「授業で行った活動が測れるテスト」を行うという共通確認でそれぞれ学年の担当で作成をしている。

　以下に実際のテストを見てみよう。

```
問1　これから発音される音を聞き，それを表すアルファベットの大文字を選び番号で答えましょう。(知識)
　　　No.1　1. A　2. G　3. E　4. Y　5. K
　　　No.2　1. U　2. P　3. R　4. I　5. Q
　　　No.3　1. O　2. Q　3. B　4. C　5. L
　　　No.4　1. F　2. C　3. T　4. J　5. S
　　　No.5　1. G　2. J　3. C　4. Z　5. H

問2　これから発音される音を聞き，それを表すアルファベットの小文字を選び番号で答えましょう。(知識)
　　　No.1　1. s　2. f　3. t　4. c　5. m
　　　No.2　1. a　2. n　3. x　4. k　5. r
　　　No.3　1. p　2. g　3. q　4. r　5. b
　　　No.4　1. d　2. b　3. p　4. q　5. y
　　　No.5　1. v　2. u　3. w　4. f　5. i

問3　発音にあてはまるアルファベットの組み合わせを選び番号で答えましょう。(知識)
　　　No.1　1. c-a-n　2. c-a-p　3. c-u-p
　　　No.2　1. j-u-t　2. j-u-g　3. j-e-t
　　　No.3　1. d-i-d　2. d-i-p　3. d-a-d
　　　No.4　1. h-a-m　2. h-a-t　3. h-i-m
　　　No.5　1. m-a-p　2. m-a-t　3. t-a-p
```

図1　1年生前期中間テスト

　中学校1年生では授業開始から約1か月で初めての定期テストがある。そこまでの授業は聞くことを中心に展開してきている。書くことに関して授業で扱ったことは，アルファベットの大文字，小文字のみ。当然，テストでもアルファベットの大文字，小文字を書かせる以外は，書かせる問題は出さない。授業の中心が聞くことであったので，問題はアルファベットを書く問題以外はすべてリスニングで出題される（1年生ではその後7月に行われる期末テストでもオールリスニングで進められる）。

　そこまでの授業のウォームアップでは，アルファベットの音と文字の認識

を時間をかけて行ってきている。それらがしっかり理解されているのか，ということを問う問題がテスト始めに3問あり，その後は聞こえた単語と意味（イラスト）の一致等が続いていく。後半には話の内容を答える問題がある。以下がそのスクリプト例になる。

N: That's Ms. Sato. She's a Japanese teacher. She likes books.
D: I see. Who is that man?
N: He's Mr. Kimura.
D: Is he a P.E. teacher?
N: No, he isn't. He's a science teacher.
D: Wow. Is he strict?
N: Yes, he is. He is strict, but he is nice.
D: I see. Who is that girl?
N: She's Cathy. She is a new student. She's from the States.
D: I'm from the States, too. So I'm happy.

図2　平成25年度1年生前期中間テスト　問10のスクリプト例

　生徒はここまでにラウンド1としてそれぞれのユニットの平均して80語程度のストーリーを聞き，おおまかな内容理解を行ってきている。その程度の長さのストーリーをどれくらい理解できているのかということを測る目的でこの問題を作成した。実際には70語のスクリプトとなるが，語彙もそこまでに教科書のストーリーで出てきたもの，授業で扱ったものを使い，授業での活動を生徒がどの程度こなせているのかをしっかりと把握した。実際には多くの生徒が設問に対して完答し，リスニングによる内容把握で進めていくのに困難がないと判断し，その後の授業を続けていった。

❖ラウンドシステム実施後のテスト結果で驚いたこと

　さらに，次の問題を見てみたい。次ページ図3は上記の1年生前期中間テストから約2か月後に行われる，期末テストの問題からの抜粋である。ここまでは，ラウンド1ですべてのユニットのおおまかな内容把握は終わっている。生徒は実際に200語前後の文章のリスニングを行い，内容把握をしている。そうした現状を踏まえ，その程度の長さの話を理解する力を見るために設定した問題である。次ページ図4はそのスクリプトとなる。

問4　インタビューを聞き、Ted くんについてまとめましょう。Ted くんについてふさわしい事柄を選び数字で答えましょう。（理解）

好きなスポーツ	好きではないスポーツ	好きな教科	クラブ	好きな日本食	好きではない日本食
①	②	③④	⑤	⑥、納豆　とうふ	⑦⑧

1．バドミントン　2．サッカー　3．コンピューター　4．美術　5．国語　6．英語　7．社会　8．体育　9．すきやき　10．とうふ　11．すし　12．そば　13．うどん　14．うめぼし

図3　平成24年度1年生前期期末テスト　問4

問4　インタビューを聞き、Ted くんについてまとめましょう。Ted くんについてふさわしい事柄を選び記号で答えましょう。（理解）
A: Do you like school life in Japan, Ted?
B: Yes, I do.　I have a good time.
A: What's your favorite ?
B: My favorites are sports and music.
A: I see. What's your favorite sport?
B: My favorite sport is soccer.　I sometimes play it.　How about you?
A: My favorite sport is badminton.　I often play it.　I'm in the badminton club.
B: Oh, I see.　I don't like badminton, because it's difficult.
A: OK.　How about you?　Are you in a soccer club?
B: No, I'm not.　I'm in a computer club.
A: That's interesting.　How about subjects?　What subject do you like?
B: I like Japanese and social studies.　They are interesting.
A: I see.　I like fine arts.　How about Japanese food?
B: I like Japanese food very much.　I like tofu, umeboshi and natto.　But I don't like udon and sushi.
A: Oh, you like them.　I don't like umeboshi.　Anyway thank you for your interview.

図4　平成24年度1年生前期期末テスト　問4・リスニングスクリプト

　生徒の到達状況も良く，それまでの授業の取り組みや家庭学習で行っていることで無理はないと判断することができた。しかし，入学前に外国語活動を受けてきてはいるが，授業開始約3か月の中学1年生でこれだけの量のリスニングが難なくできるということに，もちろん量に耐えうる生徒の育成と目論んではいたものの，ラウンドシステム授業による効果の大きさを我々教員も実感したのであった。

❖文法問題

　ラウンドシステムの授業での文法の扱いについては前章第5節で述べたが，授業で扱った後は，テストでも問う。

```
問5  それぞれ(　)の中の語を、前後の関係などから正しい形に直し解答用紙に記入しましょう。ただし、直す
     必要のないものは解答用紙に×を書きましょう。(知識)
     No.1 Tina ( play ) music every day.
     No.2 I ( visit ) my friend's house yesterday.
     No.3 Aya and I always ( eat ) soba on New Year's Eve.
     No.4 Tina ( see ) the famous snow festival in Sapporo last winter.
     No.5 Min-ho ( study ) English last night.
     No.6 It ( taste ) good and it's really healthy.
     No.7 Tina ( have ) some drums at home.

問6  それぞれ(　)の中に入る疑問文を作る時にふさわしい語を解答用紙に書きましょう。(知識)
     No.1  (　) you Christina?
     No.2  (　) you go on any trips in Japan last year?
     No.3  (　) Aya go to school every day?
     No.4  (　) Min-ho from Australia?
     No.5  (　) Ms. Brown miss Australia?
     No.6  (　) Taku and Aya good friends?
     No.7  (　) Min-ho and Tina live in Ichiban-cho?
```

図5　平成24年度1年生後期12月中間テスト　問5，6

　このように文法知識を問うことも行っている。ここでは3単現の-sを扱った後であり，主語から判断して答えさせるという問いと，いろいろな形の疑問文の作り方を扱ってきた後にどの程度使えるようになっているのかを測る問いになっている。これらの問題もその達成状況からその後の授業の展開に反映させるようにしている。

❖ライティング問題

　前章で触れてきたが，特に1年生では夏休み明けあたりまではたっぷり音声を聞かせ，文字に触れさせることに時間をかけ，文単位でのライティングは行わない。授業の中で文を書かせることを行っていないので，上述したように特に中1の前期2回分のテストには，アルファベットを書かせたり，聞こえた音を一文字単位で書かせたりということを行う以外，ライティングの問題は出題していない。だからと言ってライティングの問題を出題していな

いかというと，もちろんそのようなことはなく，1年生後期からはライティングの問題を出題し始める。

この時期になると，授業の中でも文単位，文章単位のライティングを行っている。生徒は教科書本文の書き写し，Read & Write といった活動や，ウォームアップでパートナーと会話したことをノートに3分間で書く活動を行っている。上記の問題は生徒にとって初めてのテストでのライティング問題であるが，活動で扱ったことがしっかりできているかということを測るべく出題された問題である。ライティングといっても教科書に準拠した内容であったり，条件付きでのものであるが，授業の活動を踏まえてのことである。

その後の後期12月の中間テストでは，授業の中や家庭学習で日記を書き始めることから，いわば生徒の初の自由な表現となるライティング問題が出題される。

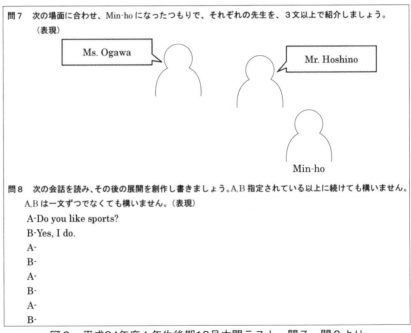

図6　平成24年度1年生後期10月中間テスト　問7，問8より

> 問8　あなたの自身の日記を5文以上で書きましょう。日付の設定はお任せします。（表現）
> 　　　内容（文章の構成）‥流れがしっかりしているか、など
> 　　　文法（文の組み立て）‥主語+動詞の関係がしっかりしているか、文の決まりなどから、10点満点で採点します。

　　　　図7　平成24年度1年生後期12月中間テスト　問8より

生徒解答例①（原文のまま）

> Today is December 4th, Tuesday. Today is good day. Because my birthday is December 4th. Today is it. I was 12, but I'm 13 now. I was so happy. After that, I ate birthday cake. It was delicious. And I got 5000 yen. I was so happy. So I'm happy now. I enjoyed today.

生徒解答例②（原文のまま）

> December 4th, 2012
> I didn't enjoy today. Because I studied math and English for two hours. I like them. I was sleepy, because I got up at 3 o'clock this morning. But I want studied more. I'll do test tomorrow. I didn't study a lot. I worry to test.

　細かなところでの指導はこれから必要であることが解答を見ればわかるが、1年生の12月に50語前後のフリーのライティングが書けることはこちらの予想を上回った。夏休み明けに文単位でのライティングを始めたにも関わらず、これまで担当してきた生徒の様子と比べて考えてみた時に、この解答状況にラウンドの効果を感じたのを今でも覚えている。

❖リーディング問題

　ラウンドシステムでは、文章を読むこともやはり1年生夏休み以降となる。そのため読んだことから内容理解をするということは、ラウンド方式で進めていくと初見のものをという具合にはいかない。授業内でライティングのモデルとして示す文章を読み、内容をつかむということを時折行いながら、初のリーディング問題は1年生最後のテストで実施した。

> 問8　次の英文を読み後の問いに答えましょう。理解
>
> It was busy yesterday.　My friends came to my house, so I cleaned my room in the morning.　It took two hours.　I was tired.　After that, I went shopping, because my mother wanted to make lunch.　I bought tomatoes and meat.　She made spaghetti.　I don't like spaghetti, but it was very delicious.　My friends said so, too.　After lunch, we studied together.　We like social studies.　So we studied it for one hour.　Then we played games.　My friends are good players, so I couldn't win.　I was sad.　After that, we talked about our school life.　We all enjoyed this year.　My best memory is EGG.　My group members and I worked together in EGG.　We read many books and used the computer, then we talked a lot.　It was really hard.　But I could do it, because I had my group members.　My friends said EGG was nice, too.　My friends left my home at 6 o'clock.　I really had a good time with them.

図8　平成24年度１年生後期期末テスト　問8より

　語数は約170語。これは１年生教科書後半のユニットを通して，及び前倒しで取り組み始めた２年生教科書前半ユニット通しての語数にやや満たないものであるが，実際にはこの問題に加え，もう一題のリーディングの問題を課した。実際に生徒の解答を見てみると，おおむね話の内容は理解している様子であった。このリーディングは初見のものであるが，問題を作る際には，語彙は教科書で出てきたものを散りばめる，語数は教科書のユニットを通しての語数を考慮する，ということに気をつけて作成した。

❖２，３年生でのテスト

　２，３年生でのテストはリーディングの設問形式に自由度が増す。測りたいこと（授業で行ったことが力としてどの程度ついているのかいないのか）を明確に，量や難易度の調整（語彙や表現）をしながら初見の英文の設問の割合を増やしていく。リーディングでは教科書で扱ったトピックに関連している話題や語彙を設問に取り入れる「リサイクル」を心がけ，生徒自身が授業で行っていることとどこかでつながっていると感じられるように工夫している。いくつかの留意点を配慮しながらテストでの出題を行い，それぞれのラウンドで身につけてほしい力を測るが，ラウンドで一通り教科書を終えることでまとまった分量の英文への耐性はつき，教師が予想する以上にリスニングもリーディングも力を発揮してきている。

第4節　評価

❖評価はシンプルに

　評価について，指導と評価の一体化の必要性が言われているが，授業で指導したことすべてをその時その時で評価することは大変難しい。本校では基本的に以下のような形で評価を行っている。

興味・関心	表現	理解	知識
リスニングマラソン提出状況や課題の提出状況	テスト パフォーマンス	テスト	テスト

図1　横浜市立南高等学校附属中学校英語科　評価の観点

　前節で述べたように，授業で行ったことを測れるようにテストを作成し，そのテストをもとに評価を行っている。パフォーマンスに関しても行う際には事前に評価基準（図2）を生徒に示した上で実施し（基本的にはラウンドで示した目標と同じになる），その結果についても生徒にフィードバックしている。

『Reading Show』
- 目標：①内容を考えて音読することができる。文字を見ながら英語のリズムを意識し正しく発音できる。
  ②内容を考えて表現のかたまりを意識して音読することができる。
  ③内容を考えながらイントネーションをつけ音読することができる。
  ④聞いている人に伝える（内容を理解し表現する）。
- 実施日時：＿＿＿月＿＿＿日＿＿＿校時
- やり方：Unit6〜Unit11の中から1ユニット全てを前に出て一人で音読します。
- 評価基準：以下のところを音読してみたいと思います。

		◎伝わる声	○ボソボソ	△伝わらない
表現	声	◎伝わる声	○ボソボソ	△伝わらない
	感情	◎気持ちが表現できている	○ところどころ気持ちが表現できている	△棒読み
	場面	◎場面にあった読み方ができている	○ところどころ場面を表現できている。	△場面を考えることなく読んでいる。
	評価	◎→3点　○→2点　△→1点 A゜→8点以上　A→7点以上　B→5点以上　C゜→4点　C→3点		
発音 (知識)	発音	◎発音の仕方を意識して正しく発音できている（単語のアクセント含む）	○発音の仕方を意識してところどころ正しく発音できている	△日本語発音になってしまっている
	まとまり	◎単語のまとまりを考えて発音できている	○まとまりを考えて発音できているところもある	△まとまりが意識できていない。
	イントネーション	◎強弱をつけ音読できている	○ところどころ強弱をつけ音読できている	△フラットな音読
	評価	◎→3点　○→2点　△→1点 A゜→8点以上　A→7点以上　B→5点以上　C゜→4点　C→3点		

※それぞれ感情，場面，発音，イントネーションは授業の中でポイントをお話してきたことです。よく思いだしながら練習していきましょう。

図2　1年次実施のリーディング・ショーの評価基準

開校まだ数年という中，英語科としての授業づくりをしっかり行うために現在あえて１人の教員が複数学年を担当するようにしている。複数の教員で担当するため評価に関しては指導と評価の一体化ということを念頭におきながらも，いたってシンプルに，しかし，確実に生徒の力を評価できるようにと心がけている。

❖生徒による自己評価

教員による評価以外に，生徒による自己評価も多く行わせている。第１節で述べたラウンドごとの振り返りのほか，テスト後に自己評価を行わせている。

テスト返却時に下記の振り返りシートをもとに，テストの自己評価と振り返り，またそれまでの授業，家庭学習の取り組みの自己評価を行わせている。

そうした自己評価を要所要所で取り入れながら学習の取り組みを見つめ直させ，その後につなげていけるようにしている。

１年生後期期末テスト分析表（保存用）

Class　No.　Group　Name

評価の目安（自分の予想）

	C	C'	B	A	A'
理解	～１０	１１～２８	１９～２９	３０～３３	３４～
表現	～５	６～８	９～１３	１４，１５	１６～
言語・文化（知識）	～１２	１３～２１	２２～３４	３５～３８	３９～

（実際の結果）

	C	C'	B	A	A'
理解	～１０	１１～２８	１９～２９	３０～３３	３４～
表現	～５	６～８	９～１３	１４，１５	１６～
言語・文化（知識）	～１２	１３～２１	２２～３４	３５～３８	３９～

１年生後期期末テスト分析表（提出用）

Class　No.　Group　Name

評価の目安（自分の予想）

	C	C'	B	A	A'
理解	～１０	１１～２８	１９～２９	３０～３３	３４～
表現	～５	６～８	９～１３	１４，１５	１６～
言語・文化（知識）	～１２	１３～２１	２２～３４	３５～３８	３９～

評価の目安

	C	C'	B	A	A'
理解	～１０	１１～２８	１９～２９	３０～３３	３４～
表現	～５	６～８	９～１３	１４，１５	１６～
言語・文化（知識）	～１２	１３～２１	２２～３４	３５～３８	３９～

授業のとりくみはどうでしたか？改善していくことは？

ここまでの自分のとりくみはどうでしたか？家でのとりくみもふくめて書いてみましょう。
（よくできた→A、まあまあとりくめた→B、あまりできなかった→C）

教科書・基礎英語などのリスニング（家庭学習）		インタビュー活動（会話活動）	
教科書の音読練習		Round 5 Retelling	
教科書の書き写し・Read&Write		自学ノート	
グリーンブック		授業で話されている英語を主体的に聞く	

今後の家庭学習の取り組み、改善点は？

図３　１年生後期期末テスト分析表（振り返りシート）

第4章

5ラウンドシステムの成果

第1節　英語学習に対する自律意識の変容——アンケート調査結果から

1．はじめに

　ラウンドシステムの授業を通して，生徒の英語学習に対する意識や態度はどのように変化したでしょうか。この章では，横浜市立南高校附属中学3年生の生徒たちを対象に実施したアンケート調査の結果をご報告します[1]。

　この調査では，生徒たちに，ラウンドシステムの授業がどのように自分の英語学習に役立っていると感じているかをたずねました。中学生に限らず，高校生，大学生であっても，自分が受けている英語の授業についてコメントを求められたとき，「楽しい」とか「おもしろい」という程度のことばは出てきても，それ以上具体的な感想が聞かれることはあまりないのではないかと思いますが，ラウンドシステムの授業を受けた生徒たちの反応は違いました。調査に参加した全員が実にたくさんのコメントを書いてきて，彼らが英語学習を主体的に捉えている様子がはっきりとわかりました。

2．調査方法

　調査は中学3年生の4月に実施し，132名から回答を得ました。調査を行った時点で，生徒たちはすでに丸2年，ラウンドシステムの授業を受けていました。アンケート調査の回答形式は2種類で，まずは，各ラウンド（調査実施時に行われていた4ラウンド）の学習がどの程度役に立ったと思うかを5段階（5：とても役に立つ，4：役に立つ，3：どちらとも言えない，2：あまり役に立たない，1：ほとんど役に立たない）で評価し，その上で，感想を自由に記述するという形式でした。

> ＜質問文＞
> 4つのラウンドそれぞれについて，あなた自身の英語学習にどの程度役に立つと思いますか？まずは1〜5の数字に〇をつけた上で，なぜそう思うのか，自由にコメントを書いてください。（1：ほとんど役に立たない〜 5：とても役に立つ）

---

[1]この調査は，科学研究費補助金（基盤研究（B））研究課題番号23320117の援助を受けて行われました。

3. 調査結果

❖ 5段階評価の結果

表1は，各ラウンドの学習に対する5段階評価の平均値を示しています。4つのラウンドの平均点がおおむね高い（すべて4点以上）ことから，生徒たちはラウンドシステム授業全般について学習効果を実感していると言えます。その中でも特にラウンド4に対する評価が他と比べて高いのがわかります。これは，自分の言葉で話の内容を相手に伝える活動を通して実際の英語使用の経験を重ねることが，英語力向上に役立つと生徒が感じていることの表れであると言えます。

表1　各ラウンドに対する生徒の評価

	平均	標準偏差
ラウンド 1：リスニングによる内容理解	4.47	0.62
ラウンド 2：音読	4.46	0.60
ラウンド 3：穴埋め音読	4.15	0.78
ラウンド 4：リテリング	4.72	0.52

（注）2年生の授業ではラウンド2（音と文字の一致）は割愛されているため，4ラウンドで授業が展開された。

❖ 自由記述

各ラウンドの学習がどのように役に立ったかについて書く自由記述欄には，ほぼ全員の生徒が何かしらの感想を記入していました。「特になし」といった記述がほとんど見られなかったことから，生徒たちがラウンド制授業による英語学習を主体的に捉えている様子がうかがえます。

自由記述欄の内容から生徒たちの振り返りにどのような傾向が見られるかを考察するため，キーワード抽出による分析を試みました。手順としては，自由記述欄に書かれた内容に目を通し，自律意識に関連すると思われる語句や表現の中から，特に頻度が高いものをキーワードとしてピックアップし，それをもとに次ページの表2に示した5つのカテゴリーを作成しました。その上で，各ラウンドについて，それぞれのカテゴリーに当てはまる記述の頻度と割合を算出しました（次ページ表3）。

表2　自由記述分析のための下位分類

分類	キーワード
自信	～できるようになった　　～の力を伸ばせた
気づき	～は大切だ　　～は必要だ　　～に活かせる ～の力が身につく
情意	～は楽しい，面白い　　～できるとうれしい ～を頑張る
学び合い	友達と協力しながら　　友達や先生から
否定的	～は難しい　　～はあまり意味がないと思う

表3　下位分類の頻度と割合

分類	ラウンド1	ラウンド2	ラウンド3	ラウンド4
自信	68 (54.0%)	126 (85.7%)	72 (55.0%)	62 (37.3%)
気づき	43 (34.1%)	10 (6.8%)	43 (32.8%)	64 (38.6%)
情意	8 (6.3%)	3 (5.5%)	7 (5.3%)	21 (12.7%)
学び合い	2 (1.6%)	0 (0%)	0 (0%)	16 (9.6%)
否定的	5 (4.0%)	8 (2.0%)	9 (6.9%)	3 (1.8%)
計	126 (100%)	147 (100%)	131 (100%)	166 (100%)

　表3のデータを見ると，全体として「自信」や「気づき」に関する記述が多いことがわかります。生徒たちは，丸2年のラウンドシステムの授業を通して学習の成功体験を積み重ね，自信を持つようになっているようです。このような成功体験や自信は，自分が取り組んでいる学習の成果を実感することにつながり，自律意識の育成にも不可欠なものです。今回のアンケート調査は中学3年次の年度当初に実施したもので，1年次・2年次のデータがないため，厳密には生徒の自律意識の経年変化を見ることはできませんが，ラウンドシステムの授業を通して生徒たちは自身の英語力が伸びたと実感していることがうかがえ，それに伴って英語学習についても主体的に捉えられるようになっていると考えられます。

以下，各ラウンドで比較的頻繁に見られた記述を具体的に示し，考察します。

ラウンド1

表4　ラウンド1に関する自由記述

分類	例
自信	・リスニングの力が伸びた！！ ・頭の中でイメージできるようになる。 ・おおまかな内容を理解できる。 ・最初の方は半分以下くらいしか理解できないけど，何回も聞いて8割くらいは理解できるようになる。 ・CDを聞いていると，ある程度の表現が覚えられる。
気づき	・何回もストーリーを聞くことで，自分のわかる単語だけでも聞き取り，会話を聞くくせがつく。 ・どんな場面なのかというのを言葉から想像していくので，耳が英語に慣れて，とても役に立った。 ・ラウンド2とか3のときに理解するまでが速くなるから。
情意	・予想でも言っている意味がわかったら嬉しい。 ・まだ難しい英語に慣れてないけどそれを初めて聞いた時，なんかワクワクするから。 ・文字（教科書本文の英語）を見ないで聞くから，リスニング力も上がるし，色々想像ができて楽しいです。
学び合い	・わからない表現も全員で考えていける。
否定的	・聞いていても全く知らない単語とか出てきて，でもスペルとかわからないから調べられない。

　表4にはラウンド1に関する記述の一例がまとめられています。このラウンドでは音声のみで教科書の内容を大まかに把握することを求められますが，生徒の記述例から，聞き取れない単語があったとしてもあきらめずに，聞き取った情報をもとに大まかに内容を理解しようとしたり，繰り返し聞くことで徐々に理解を深めていこうといった行動がうかがえ，必ずしもすべての単語を聞き取れなくてもリスニングを続けていける耐性やストラテジーのようなものが身についていると推察できます。また，「気づき」に関しては「わかるところとわからないところがはっきりする」といった記述が多く見られることから，自分の学習を振り返り，自己分析していることがわかります。このような姿勢は外国語を学ぶ上では大切なことです。日本人の英語学習者

によく見られる傾向として、リスニングをしているときに聞き取れない単語が出てくると、そこから先を聞くことができなくなってしまったり、すべての単語を聞き取れないと理解ができないと思い込んでいることがあります。この点、アンケートの自由記述を見ると、生徒たちは、自分が理解している情報とそうでない情報を選別した上で、「今はわからなくても次のラウンドではわかるだろう」とか「すべての単語が聞き取れなくても内容をある程度は理解することができる」という余裕を持って、このラウンドの学習に取り組んでいる様子がうかがえます。ラウンドシステムの授業を開始した当初は、おそらく生徒たちの多くは聞き取れない部分があることに不安を感じていたと思いますが、2年間の授業経験を経て、このような余裕や自信が生まれました。これは1つにはラウンドシステムの授業形態に慣れたため、もう1つにはラウンドを積み重ねることで教科書の内容がわかるようになり、それを英語で表現できるようになったという成功体験によるところが大きいと思います。

ラウンド2

表5　ラウンド2に関する自由記述

分類	例
自信	・ラウンド1できいたものを、改めて文を見ながらきくことによってより理解が深まる。 ・単語や熟語が頭の中によく入る。 ・読んでいるうちに発音がよくなる。 ・新しく出てきた単語や表現を、一回一回確認して練習やったのでしっかり身につけられると思う。 ・発音やリズムが身につく。
気づき	・ラウンド2は、自分で英語の本を読んだりするのに役立つ。 ・自分の口が英語に慣れる。 ・話す、聞くがそろわないと会話できない。 ・音読をすると言い回しなどを体で覚えることができる。 ・音読は英語の学習の基本なので、必須でしょう。
情意	・教科書の音声に合わせて音読する活動は楽しい。 ・話すときの発音を鍛えられるので、これからも頑張っていきたい。 ・ラウンド1でぼやぼやしていたところやはっきりとしなかったところを、スペルで確認できるともやが晴れた感が大きいので良い。

| 否定的 | ・音読がめんどくさくなってテキトーになってしまうことがある。
・ラウンド2と3は同じでいいと思う。 |

　このラウンドでは教科書を開いた状態で本文をリスニングした後に，音読を行います。生徒の回答を見ると，「自信」に関する記述としては，特に「内容理解が深まる」「（お手本を真似して何回も練習することで）発音がよくなる」といった記述が多数見られます。「気づき」に関する記述としては，「（表現や発音を）体で覚える，取り込むことができる」といった内容が多いです。これらの記述から，英語学習における音読の役割について生徒が主体的に考えている様子がうかがえます。そして「情意」に分類された記述では，ラウンド1では理解が不十分だと感じていた箇所について，このラウンドで再び繰り返すことで「もやもや感が晴れる」といった記述が多く見られ，繰り返し学習することを前向きに捉えている生徒が多いことがわかります。

　また，否定的な意見として，「ラウンド2と3は同じでいいと思う」というものがあります。これは，教科書の音読活動と，穴埋め音読活動を合わせて行ってもいいのではないかという意見です。このような意見は，主体的に英語学習を捉えている表れであると思います。また，このような意見が出てくるのは，英語力が向上したからこそではないでしょうか。ラウンド2とラウンド3を合わせるということはつまり，より少ない練習量でもラウンド4に進むことができるという「省エネ」学習の提案なのです。おそらくラウンドシステムを開始した当初にはこのような意見は出てこなかったはずです。丸2年のラウンドシステムの授業を経て，英語力が伸びたからこその変化であると言えます。実際にラウンド2とラウンド3を合わせて行うことが効果的であるかどうかはわかりませんが，少なくとも生徒たちは，ある程度自分の英語力に自信がついた結果，自分にとってより効率の良い学習の進め方を考えて意見しているのです。

ラウンド3

表6　ラウンド3に関する自由記述

分類	例
自信	・教科書を暗記すると共に，文法が理解できるようになる。 ・文法を覚えることができ，生活で使うことができる。 ・ラウンド1，2では，何となく，または流れだけでしたが，3では細かい内容まで理解できる。 ・サラサラ話せるようになる。ボキャブラリーが増える。
気づき	・丸暗記できると言い回しが自然と出てくるようになると思う。 ・単語などの細かい部分ではなく，文の構成を見直せる。 ・これができないとラウンド4はできない。文法や単語をそっくりそのまま覚えられるので重要だ。練習あるのみ。
情意	・達成感がある。 ・穴あきリーディング，難しいけど，個人的に好き。 ・言えるようにするために，家でも練習しようとするから。
否定的	・教科書の表現は言えて良いと思ったが，文法的に説明がないと，他の少し違う文章になるとわからなくなってしまいそうで心配です。 ・教科書本文を暗記するのはとても良いことだと思うが，本当に役立っているのかよくわからない。

　ラウンド3では穴埋め音読シートを使って最終ラウンドであるリテリングに向けての準備を行います。生徒の回答の中でもっとも多かったのは，このラウンドでの活動を通して「文法がわかる」「文法や単語を学べる」といった記述です。つまり，穴埋め音読シートを使って英文再生をする過程で，生徒の意識が文構造に向いているのです。ラウンド2では教科書を見ながらの音読を行います。このときに生徒は「表現を（そのまま）覚える」といった捉え方をしているようですが，ラウンド3の特にステージ3やステージ4（p.45ワークシート参照）では，教科書本文を丸暗記するのではなく，文法を意識して英文を再構築しなければならず，それが生徒の意識を文法に向けることにつながっていると考えられます。このような活動は単なる音読と比べて生徒にとっての負荷も高く，ステージが進むにつれて難度は上がります。

　今回の回答の中にも「難しい」といった感想が少なからず見られましたが，その後には「もっと練習してできるようになりたい」といった前向きな記述が続く場合がほとんどで，表6の例にもあるように「（難しいからこそ）達成

感がある」という感想もその一例です。多くの中学生は，自分にとって難しい活動には尻込みしてしまうことが多いのではないでしょうか。しかし，ラウンドシステムの授業を受けた生徒たちは，自分の英語力向上のために，むしろ挑戦しがいのある活動を望んでいるのです。「難しい」ということは，彼らにとっては喜ばしいことのようです。なぜなら，それを克服すれば，自分の英語力がさらに伸びるということを，ラウンドシステムの授業を通して実感しているし，その理由についても自身が納得しているからです。

ラウンド4

表7　ラウンド4に関する自由記述

分類	例
自信	・自分の言葉で伝えられる。 ・文章が作れるようになる。 ・前より速く英文が書けるようになりました。書く量も増えた。
気づき	・第三者の視点からストーリーを説明するのは，ただ読むだけよりも力がつくと思う。 ・自分で表現を考えて話すというのは，英語を勉強する上でとても大事だと思う。 ・物語の設定を考えて文法を正しく使う練習ができるから。
情意	・習った表現もフル活用できるし，何よりラウンド1にやった時から成長を感じる。 ・自分の言葉で説明するのが楽しい。 　最後の方のユニットになってくると難しいが，自分が伝えたいことを話せたときが嬉しい。
学び合い	・色々な表現を友達や先生からも身につけられる。 ・私の苦手な話すことに，とても役に立っていて，このラウンドでも，最初は，友達と協力しながらなど，段階的でやりやすかったです。 ・自分で考えるときと他の人のアイデアを聞く時との2か所で学べて，とても濃い内容になっている。
否定的	・難しい。

　このラウンドでは教科書の内容をリテリングしながら，自分自身に関する情報も付け加えて発表し，発表が終わった後にはお互いに英語でコメントや質問をします。生徒の回答の中でもっとも目立ったのは，このラウンドでの学習を通して「自分の言葉で伝えたり話したりすることができる」という記

述です。つまり，生徒たちはこのラウンドでのリテリング活動を，教科書を使って学んだ語句や表現を「実際に使ってみる場」として捉えているのです。単なる教科書の内容再生活動としてではなく，言語活動としてリテリングを捉えているとも言えます。さらにこのラウンドに特徴的な記述として，「友達や ALT の先生のリテリングを聞くことからも学ぶことができる」といった「学び合い」に関する記述が挙げられます。ラウンドシステムの授業を2年間受けてきた生徒たちには，友達や ALT の先生が話す英語を，自分が話している英語と比較する余裕があります。また，比較するだけではなく，そこから新しい表現を学ぼうとしていて，生徒たちもその効果を自覚しているのです。他のラウンドと同様に，このラウンドでも，生徒が自らの学習を主体的に捉え，その過程を分析し，自分の学習に役立てている様子が見られます。

4．おわりに

　この章では，ラウンドシステムの授業およびその効果について生徒がどのように考えているのかを見てきました。冒頭にも書きましたが，まず驚きだったのが，調査に参加した生徒全員が，アンケートの自由記述欄にびっしりと感想を書きこんでいたことです。「ラウンドシステムの授業について，言いたいことがたくさんある」という生徒たちの熱意を感じました。生徒たちが書いた意見は，授業中に教師が繰り返し言って聞かせたことではなく，授業を通して湧き上がってきたものです。このことから，ラウンドシステムの授業が生徒たちにとって「与えられているもの」ではなく，「自ら取り組んでいるもの」「自分たちが作っているもの」であることがわかります。

　また，アンケート調査の結果から，ラウンドシステムの授業を通して生徒たちが，自分ができないことや苦手なことを認識し，教師や友人のサポートと自助努力によってそれを克服する，という流れを繰り返し経験していることがうかがえました。そして，この繰り返しを通して生徒たちは自身の英語力の向上を自覚しています。実際に，p.126の表3で示したように，アンケートへの回答の中でも「（英語学習に関する）自信」についての記述が相対的に多かったことも，これを裏付けているのではないでしょうか。

　ラウンドシステムの授業を通した英語力の向上に伴い，生徒たちは英語学習をより主体的に捉えることができるようになり，さらに学習効率が上がるという，正のスパイラルが生じていると言えるでしょう。

第2節　生徒の英語力の変容
——名詞句の習得を測る Billy's Test の結果から

　本章ではいろいろな角度から，5ラウンドシステムの効果を見ていきますが，筆者らのグループは英語の大まかな構造の把握にどのような効果があるかを調べてきました。このセクションでは Billy's Test というテストを使い，5ラウンドシステムを使っていない中学校との比較の結果をご報告したいと思います。このテストについては以下に簡単に説明しますが，詳細をお知りになりたい方は，金谷他（2015）をご参照下さい。

1．Billy's Test の問題構成

　Billy's Test とは，名詞句の習得を診断する目的で開発されたテストです。本テストは，以下の2部構成です。

● is 挿入問題
　第1部は，英文の中の適切な場所に，be 動詞を挿入する問題です。この際に用いる be 動詞は，すべて is としました。

例）次の文でもっとも適切な場所に（　）の語を入れて英文を完成させ，その記号を○で囲みなさい。
　　This・game・interesting・to me.（is）
　　　　ア　　　イ　　　　　　ウ

● 和訳問題
　第2部は，is を挿入して完成させた英文の「和訳」をさせる問題から成ります。和訳問題は，is 挿入問題を解き終わってから取りかかってほしいと考えました。まずは英文だけを見て，その構造へ意識を向けて is 挿入問題に解答するようにするためです。is 挿入問題→和訳問題という順序が守れるように，和訳問題はテスト用紙配布時には糊づけされた紙で隠されており，is 挿入問題を全て解いた後，その糊づけされた紙を破り，和訳問題に取り組んでもらいました。和訳にあたっては，単語の意味が分からなくて答えられないということを避けるために，ほとんどの単語に注釈を付けました。また，和訳したことによって，is の挿入位置を変更したくなった場合には

それを許可することにしました。その際は，変更したことがわかるように，赤ペンで解答を変更するようにしてもらいます。

例) １で作った英文の日本語の意味を［　　　　　］に書きなさい。
　　　❋ game=ゲーム　❋ interesting=おもしろい
［　　　　　　　　　　　　　　　　　　　　　　　　　　］

● 同一問題の出題

本調査では，用いる単語，名詞句の条件が全く同じ，「同一問題」を実施しました。一定の期間を空けて同一問題を解いてもらうことにより，生徒たちの英語力の向上具合を見ることができると考えたためです。具体的には，第１回テスト（中１の２学期）と同一の問題を，第８回テスト（中３の３学期）に含めました。

❖ 学校・生徒について

本テストは，横浜市立横浜南高等学校附属中学校と，５ラウンドシステムを行っていないＡ校で実施しました。Ａ校は，横浜市の公立中学校で，閑静な住宅地に立地し，教育への関心が高い学校です。１学年３クラスの小規模校であり，学力は比較的高いです。

❖ 前８回のテスト実施時期

Billy's Test は両校で全８回行われました。それぞれの実施時期については，次の表の通りです。

表１　Billy's Test の実施時期

テスト	実施時期	学年・学期
第１回	2013年12月	１年２学期
第２回	2014年３月	１年３学期
第３回	2014年７月	２年１学期
第４回	2014年12月	２年２学期
第５回	2015年３月	２年３学期
第６回	2015年７月	３年１学期
第７回	2015年12月	３年２学期
第８回	2016年３月	３年３学期

在籍人数は，第1回実施（2013年12月）時点で，横浜市立南高校附属中学校155名，A校97名でした。分析については，全8回のすべてを受験している生徒のみを抽出しました。横浜市立南高校附属中学校109名，A校72名の解答が分析対象となりました。

2．テストの実施方法

テストは全て英語の授業内に実施しました。実施時間は12〜15分で問題数により調整しました。生徒によっては書く速度が遅く15分を超えることはありましたが，その他の生徒に余分な時間が与えられることはありませんでした。各回のテストを2日に分けて実施したため，1回のテストに25分程度費やしたことになります。

テスト監督は，授業者が行いました。和訳問題には単語の注釈を載せてありましたが，A校では，生徒から質問が出た場合には，監督者が答えました。横浜市立南高校附属中学校では，質問には答えませんでした。また，テスト初回には，「このテストは英語の力を測るものである」ことと「学校の成績には入れない」ことを生徒に伝えました。

❖採点方法

データはすべて表計算ソフトにまとめられました。入力する内容は，全生徒の氏名・問題番号・解答した選択肢・選択肢の正誤判定・日本語訳・日本語訳の正誤判定としました。

日本語訳の採点に関しては，文全体が訳されていなくとも，名詞句の構造が正しく理解されていると判別できる日本語訳は正解としました。This nice man is my brother. の場合，nice が抜けている日本語訳は不正解とし，「これは私の兄で素敵な人です」のように this を主語と捉えているような場合も，this nice man を1つの名詞句としてみなしていないと考え，不正解としました。

❖「is 挿入問題の正答率」と「真の正答率」

日本語訳の採点後，日本語訳の正誤に関わらず is 挿入問題の正答率を算出しました。さらに，is 挿入問題で正解していても内容を正しく理解できていないケースも考えられるため，「真の正答率」も算出しました。「真の正答率」とは，is 挿入問題と和訳問題の両方に正答している場合の正答率です。

❖ 指導とフィードバック
● 指導について
　授業では特別に名詞句についての指導等は行っていません。横浜市立南高校附属中学校では，句カードを用いたウォームアップは行いました。A校では，教科書の英文の中で後置修飾を含む名詞句があるときに，「日本語と違って後ろからモノや人を説明するのは英語の特徴である」ということに触れ，簡単に説明することはありました。
　それぞれ授業は検定教科書を使用し，一般的な授業時数（週4時間）で行いました。横浜市立南高校附属中学校においては，1・2年次に2クラス3分割（26～28名）での少人数授業を行いました。A校においては，1・2年次に出席番号の前後半で2分割とした少人数授業を実施しました。5ラウンドシステムは行っていません。
● フィードバックについて
　生徒へのテスト用紙の返却は，どちらの学校においても行いませんでした。横浜市立南高校附属中学校では，テストに関するフィードバックは全く与えませんでした。A校においては，数回実施後，生徒から解答を教えてほしいという要望があったため，口頭で記号を言うことによって，どの程度できたか確認することはありました。正答へ導く説明はしていません。第8回を終えた後，すぐに第6回テストまでの集計結果を配付し，今後の学習の参考となるよう簡単な助言をしましたが，特別な指導や解説も，全体に対して行うことはしませんでした。

3．全8回テストの正答率の推移

　横浜市立南高校附属中学校（図表では南）とA校の結果を比較していきたいと思います。両校の全8回テストの正答率の推移を，折れ線グラフで示しました。is挿入の正答率と，真の正答率は，それぞれ図1と図2のようになります。
　これらのグラフを見ると，横浜市立南高校附属中学校とA校のどちらの学校においても，正答率のアップダウンはあるものの，緩やかに上昇していることがわかります。
　横浜市立南高校附属中学校とA校の結果を比較すると，初回から第8回テストまでの伸び率は，A校の方が大きいです（横浜市立南高校附属中学校：

50.9%→84.1%，A校：25.3%→71.1%）。A校が大幅に成績を上げていることと，横浜市立南高校附属中学校は初回から好成績であり，伸び幅が少なかったことが理由に挙げられます。全8回のテストを通じて，横浜市立南高等学校附属中学校の方が常に高い正答率を保っていることがわかります。横浜市立南高校附属中学校とA校の正答率の差は徐々に小さくなってはいますが，A校が横浜市立南高校附属中学校の正答率を超えることは第1回テストから第8回テストまで1度もありません。

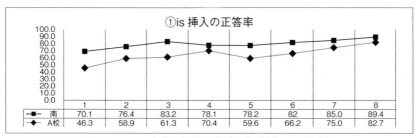

図1　テスト全体の平均正答率（is 挿入の正答率）

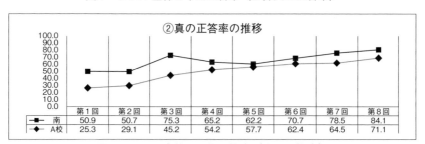

図2　テスト全体の平均正答率（真の正答率）

どちらの学校においても，第5回テストの正答率が低くなっていますが，これは，第5回テストから to 不定詞による後置修飾の名詞句を問題に追加したためと考えられます。それまでは，to 不定詞による後置修飾の名詞句は未習事項のため，問題には含みませんでした。

○平均正答率，最高正答率，最低正答率などについて
　全8回分の is 挿入問題の正答率と真の正答率の，平均正答率，最高正答率，最低正答率を，両校とも以下に記します。

表2　is 挿入問題の正答率

		第1回	第2回	第3回	第4回	第5回	第6回	第7回	第8回
南	平均正答率	70.1%	76.4%	83.2%	78.1%	78.2%	82.0%	85.0%	89.4%
	最高正答率	100%	100%	100%	100%	100%	100%	100%	100%
	最低正答率	25.0%	33.3%	28.6%	21.4%	22.2%	11.1%	22.2%	44.4%
	対象人数	109名	109名	109名	109名	109名	109名	109名	109名
A校	平均正答率	46.3%	58.9%	61.3%	70.4%	59.6%	66.2%	75.0%	82.7%
	最高正答率	100%	100%	100%	100%	100%	100%	100%	100%
	最低正答率	0.0%	16.7%	14.3%	7.1%	5.6%	5.6%	27.8%	27.8%
	対象人数	72名	72名	72名	72名	72名	72名	72名	72名

表3　真の正答率

		第1回	第2回	第3回	第4回	第5回	第6回	第7回	第8回
南	平均正答率	50.9%	50.7%	75.3%	65.2%	62.2%	70.7%	78.5%	84.1%
	最高正答率	100%	100%	100%	100%	100%	100%	100%	100%
	最低正答率	0.0%	8.3%	0.0%	7.1%	16.7%	5.6%	11.1%	27.8%
	対象人数	109名	109名	109名	109名	109名	109名	109名	109名
A校	平均正答率	25.3%	29.1%	45.2%	54.2%	57.7%	62.4%	64.5%	71.1%
	最高正答率	91.7%	100%	100%	100%	100%	100%	100%	100%
	最低正答率	0.0%	0.0%	0.0%	0.0%	0.0%	5.6%	0.0%	11.1%
	対象人数	72名	72名	72名	72名	72名	72名	72名	72名

　2つの表について，以下の3つのことに注目したいと思います。
(1) 第1回テスト（中1の3学期）の最高正答率が100%であり，初回から全問正解の生徒がいました。第1回テストの正答率が100%の生徒は，その後のテストにおいても，ほぼ毎回100%の正答率を示しています。ただし，第5回テスト以降に新しい事項（to不定詞の後置修飾）を入れたため，第5回テストや第6回テストの正答率がやや下がってしまいました。
(2) 第1回テストから第8回テストまで，一貫して低い正答率の生徒も複数いました。真の正答率が0%の生徒は，横浜市立南高校附属中学校では第1回テスト（3名）と第3回テスト（1名）のみにいましたが，第4回以降は全くいませんでした。一方，A校では第1回テスト（13名）から複数名おり，第7回テストにおいても1名いました。
(3) どちらの学校においても，テスト開始時期から終了時期にかけて，生徒

間の正答率のばらつきは小さくなっています。低い正答率から高い正答率まで広くばらついていたものが、徐々に中間から高い得点率に集中していきます。その傾向は、A校よりも横浜市立南高校附属中学校で明らかです。

●正答率100％を示した生徒について
　100％の正答率を出した生徒のなかには、その後も第8回テストまでずっと90％を超える生徒と、正答率が安定せず上下する生徒が見られました。前者は、名詞句の習得がなされたであろうと判断できますが、後者は、習得の途中段階であると考えられます。真の正答率について、100％を出した後も第8回テストまでずっと90％を超えた生徒の数を、以下に載せます。表の（　）内は初回からの累計です。

表4　第8回テストまで一貫して90％以上の正答率を示した生徒の数

	第1回	第2回	第3回	第4回	第5回	第6回	第7回	第8回
南	0	1 (1)	1 (2)	0 (2)	0 (2)	3 (5)	8 (13)	15(28)
A校	0	0 (0)	2 (2)	0 (2)	0 (2)	0 (2)	3 (5)	3 (8)

　両校とも、第5回テストまでは習得できたと考えられる生徒が2名しかいませんが、第7回テスト（中3の2学期）から数が増えました。特に横浜市立南高校附属中学校では、第7回では累計13名、第8回テストでは累計28名です。生徒数が多い（南109名、A校72名）ことを勘案しても、この数は附属中が勝っていることを示しています。

●個人の正答率の推移パターン
　『中学英語いつ卒業？』（金谷他、三省堂、2015）を参考に、それぞれの生徒の正答率の推移を以下の5つのパターンに分類しました。表の（　）内は、人数を示します。
①上位安定型（各回の正答率が60％以上で、全8回の平均正答率が80％程度またはそれ以上）
②追い上げ型（低い正答率から徐々に上がり、第8回には8割近い正答率になる）
③低空飛行型（正答率がなかなか上がらず、低空飛行している）
④UpDown型（正答率が上がったり下がったりしている）
⑤足踏み型（徐々に正答率が上がるが、第8回においても5割から6割程度の正

答率にとどまる）

表5　得点の推移パターン

	①上位安定型	②追い上げ型	③低空飛行型	④ UpDown 型	⑤足踏み型
南	24.8%（27）	47.7%（52）	2.8%（3）	15.6%（17）	9.2%（10）
A校	6.9%（5）	55.6%（40）	19.4%（14）	4.2%（3）	13.9%（10）

　横浜市立南高校附属中学校においては，①上位安定型と，②追い上げ型が多いことがわかります。反対に，③低空飛行型は3名，⑤足踏み型は10名であり，どちらも少数にとどまりました。A校は，全体の正答率の推移からも推測できますが，②追い上げ型が多く，テスト開始時期には正答率の振るわなかった生徒もテスト終了時には8割程度の理解となりました。一方で，低空飛行型が19.4%となり，横浜市立南高校附属中学校の2.8%よりも多い結果となりました。

●同一問題を解いた時
　第1回テストの12問と全く同じ問題を第8回テストにも含めました。同一問題12問の第1回テストと第8回テストの正答率（真の正答率）の違いを表4-6に載せました。また，正答率のばらつきを示すヒストグラムを次ページの図3と図4に示しました。
　横浜市立南高校附属中学校では，全体に散らばっていた正答率が，第8回テストにおいては，高い得点層に集中しています。第8回テストにおいては平均値85.1%，と上昇していて，正答率のばらつきも小さくなっています。
　A校では，第1回テストにおいては低い得点層に人数が多いけれど，第8回テストにおいては中間から高い正答率に移っている様子がわかります。A校も成績は上昇していますが，横浜市立南高校附属中学校の大幅な成績アップには及ばない結果でした。

表6　同一問題の平均正答率

		第1回	第8回
南	平均正答率	50.9%	85.1%
	最大正答率	100%	100%
	最低正答率	0.0%	33.3%
	対象者数	109名	109名

A校	平均正答率	25.3%	74.8%
	最大正答率	91.7%	100%
	最低正答率	0.0%	16.7%
	対象者数	72名	72名

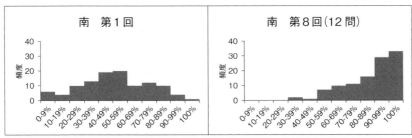

図3　第1回テストと第8回テストの比較（横浜市立南高校附属中学校）

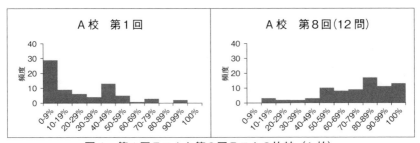

図4　第1回テストと第8回テストの比較（A校）

4．結果のまとめ

(1) 横浜市立南高校附属中学校とA校のどちらの学校においても，徐々に正答率が上がり，名詞句の習得が進んでいくことがわかりました。全体の伸び率は，A校の方が大きいですが，横浜市立南高校附属中学校は初回から比較的好成績であり，初回から第8回テストまで，常にA校より高い正答率を示しています。

(2) 第1回テストにおいて全問正解の生徒は，その後も高い正答率を示していました。第8回テストまで安定して高い正答率を示す生徒の割合は，A校よりも横浜市立南高校附属中学校の方が多いことがわかりました。

(3) 第1回テストにおいて真の正答率0％の生徒は，どちらも学校にもいました。横浜市立南高校附属中学校では，その生徒たちも回を重ねるごとに成績を上げていきました。一方，A校では，正答率の上がる生徒もいましたが，全8回を通じて一貫して低い正答率を示す生徒の割合が，横浜市立南高校附属中学校よりも高い結果となりました。

(4) 第1回テストと第8回テストにおいて同一問題を解いた結果，どちらも学校においても大幅に正答率が上がりました。横浜市立南高校附属中学校の方が，第8回テストにおいて90％以上の正答率の生徒が半数を超える（109名中62名＝56.9％）など，より良い成績を示しました。

以上のような結果から，5ラウンドシステムの取り組みが生徒の英文構造把握に役立っていることが見てとれると思います。

［参考文献］
金谷　憲・小林美音・告かおり・贄田　悠・羽山　恵 著（2015）『中学英語いつ卒業？――中学生の主語把握プロセス』三省堂

第3節　生徒の態度の変容

1．生徒の観察から感じること

　私たちが普段授業を行い，生徒たちを観察する中で「この子たち変わったな」と思う瞬間が何度もあります。その変容は大きく分けて2種類あり，一つは「5ラウンドシステムの構造が仕掛けとなり，その結果として生徒の態度が変容したもの」，もう1つは「5ラウンドシステムと直接関係はないが，繰り返しの指導によって少しずつ生徒の態度に影響したもの」に分けることができます。

2．変化の見られる時期

　まず，ラウンドごとの生徒の様子を観察してみると，明らかに「生徒の様子が変わった」と英語科の教員全員が共通して感じられる時期があります。まず，教員が話す英語をそれまで以上に食い入るように聴くようになる時期が中学1年のラウンド3からラウンド4および中学2年生のラウンド1です。具体的には，中学1年生はラウンドの活動に入る前や活動合間のトークにおいて，そして中学2年はラウンド1の最後に挑戦するリテリングにおいて，そのような様子が見られます。よく話を聴くということは，生徒たちのインプット欲求が高まっているということです。それぞれ，1年生では本格的にパートナーとの会話が始まり，2年生では音声のみで大まかに理解したストーリーのリテリングに挑戦する時期ですから，使えそうなインプットをどんどん取り込もうとするのも不思議ではありません。そして必然的に，1年生も2年生もこの時期を過ぎると発話の量が増えたり，表現の幅が広がったりと，アウトプットの質の向上が感じられます。

　3年生のラウンド3（穴あき音読）では，こんなエピソードがありました。3年生にもなると，教科書ストーリーの量や内容レベルがかなり上がってくるため，必然的に穴あき音読の難易度も高くなります。そんな穴あき音読練習中に，とある生徒が「もっと教科書の音読練習をさせて！」と言ったのです。この一言を，私たちは待っていたと言っても過言ではありません。これが，ラウンドシステムの醍醐味とも言えるでしょう。各ラウンドの随所に，生徒たちが「教科書に戻って練習をしたい」と思える仕掛けを教員が意識的

にちりばめています。このような工夫をすることで、生徒にとってのインプットを、「やらされるもの」から「必要だから自ら行うもの」へと変えていくのです。

　そして3年生にもなると、生徒同士の吸収し合いも多く見られます。1，2年生はまだ教員が話す英語によるインプットに依存する部分が大きいですが、3年生は積極的に他の生徒の英語から学ぼうとするのです。リテリングにおいても、教員が時にヒントを与えなくても何度かペアを変えて行うだけで内容がかなり磨かれていることがしばしばあります。時には教員が少し話しすぎると、「早くしゃべらせて！」と言わんばかりの表情をされることもあります。3年間のラウンドシステムの授業を通して、いつの間にか学び合う集団が育成されるという副産物もあるようです。

　また、各ラウンドにおいて、始めに必ず教科書のストーリーを思い出すスモールトーク（思い出しトーク）を全体で行いますが、そこでの生徒の発話にもラウンドを重ねるごとに変化が見られます。前半のラウンドでは、特に1年生は教員の簡単な質問に対して単語レベルの返答しかできませんが、ちょうど穴あき音読を行ったあとのトークでは、フレーズレベルで返ってくることが明らかに多くなります。穴あき音読を通して、表現のかたまりとしてのインプットが増えたためであると考えられます。驚いたことに、生徒たちは教師との思い出しトークにおいて、ピクチャーカードを見ただけですぐにその場面に合ったフレーズを口にします。それはただの暗記でなく、場面や状況を考えながらインプットを何度も繰り返し行った成果であると考えています。

3．授業に臨む意識の変化

　学年が上がるにつれて、ラウンドシステムの授業を受けるにあたっての意識も変わってくるようです。初めてラウンドシステムの授業を経験する1年生の中には、初めはストーリーで分からない部分に不安を抱く生徒が少なからず存在します。しかし5ラウンドを一通り経験した2年生は、各ラウンドでの目的や実際に身につく力を、体験を通して理解しているため、「初めはよく分からなくても、ラウンドを重ねるうちに少しずつ理解すればいい。」と分からない部分に対してあまり焦ることがなくなります。目に見える変化としては、初めて聴くストーリーに対しても、「全然分からない」という言

葉がほとんど聞かれなくなることが挙げられます。

　理解の面だけでなく、「正確に話さないといけない」と英語で表現することに慎重な生徒も初めは一定数存在します。しかし、普段の授業において話す英語の正確性を生徒にほとんど求めていません。まずは自分の持っている英語を使って、間違ってもいいから相手に伝えてみる。繰り返し使っていく中である程度は自然と磨かれていくということを教員が根気強く伝えていくことで、少しずつ失敗を恐れない姿勢が育っていきます。そしていつの間にか、教室を見渡しても一見英語が苦手な生徒がどこにいるのか分からないほど、ほとんどの生徒が失敗をためらうことなく積極的に英語で自己表現をするようになっています。

4．5ラウンドシステムの波及効果

　そして、5ラウンドシステムそのものと関係はないかもしれませんが、5ラウンドシステムの効果を最大限に生かすために1年生の時から繰り返し行っていることで、いつの間にかこちらが声をかけなくても生徒が自発的に行うようになることもいくつかあります。たとえばペア組みの時です。ラウンドシステムの授業では何度もパートナーを変えてトークをする機会がありますが、初めは教員が「体ごと向き合いましょう」などと声をかける場面がどうしても多く見られます。しかし、継続的に指導を続けることで、いつの間にかこちらから何も言わなくてもきちんと体を向き合わせて活動をするようになっていきます。

　また、生徒の発話の内容にも同じことが言えます。本校では全体で教師と生徒がトークをする際、少しずつまとまった量の英語を話すことができるよう、生徒がある発言を英語でした後、その答えに関して教員がプラス1、2の追加質問をすることを習慣にしています。すると1年生の後半あたりから生徒が自ら自分の発話に情報を付け加える様子が見られ始めるのです。これは教員に対しても、生徒同士の会話においても見られる変化です。

　このように、大きく分けて2種類の変容が生徒の中に見られますが、それぞれが別個に働いているのではなく、互いに影響し合い、このシステムの効果を高めていると私たちは考えています。

第4節　教員の変容

1．5ラウンドシステムに取り組んで

❖初任者として赴任して

　2013年3月25日，横浜市の採用前研修の一環として，赴任する前に本校に来る機会がありました。それがラウンドシステムの授業との出会いでした。ラウンドシステムの授業を1年間受けてきた，当時中学1年生の生徒たちが話す英語の量に驚きました。ここまでの英語力をつける授業をしていくのだという期待感と大きな不安を抱え取り組んだ初任の年。そして現在は課題に取り組みつつも，授業を楽しめている私がいます。4年間という短い期間ではありますが，初めてラウンド制授業を行った時に苦労したこと，そしてその期間を経て，私自身の態度の変容を記したいと思います。

❖苦労したこと

●飽きさせない

　ラウンド制授業の特徴の1つとして，何度も同じストーリーに触れる際，いかに生徒に飽きさせずにストーリーを扱っていけるかという点は悩んだ点の1つでした。もちろん各ラウンドで行う活動は異なりますが，教科書の物語は変わりません。その題材をどう扱うか，授業の流れ以上に頭を抱えた点です。もちろん何度も触れているストーリーだからこそ，愛着を持っている生徒もいますが，ラウンドが進むにつれて少しずつ飽きる生徒も出てきます。飽きさせてしまった1つの理由としては後に詳しく述べますが，ストーリーをすべて最初のラウンドで理解させようとしてしまったからだと思います。ラウンドが進むごとに理解できることが増えていった方が，生徒もよりワクワク感が増えると考えています。

●「指導案通り」の落とし穴

　どこの学校の初任者も陥ることとかもしれませんが，特に指導案が確立していたラウンド制授業では指導案通りに行うことの落とし穴がとても深かったと感じます。同じように進めていても，どうも生徒は他の先生のグループのように話すことができない，というのが授業に慣れてきた時の私の悩みで

した。「テンポはいいけど，機械的だね」それが研究授業を見に来てもらった梶ヶ谷先生にいただいた言葉でした。進めることに必死になっていたこと，そして進めることに関しては慣れてきた私の一番の落とし穴でした。なぜその活動を行うのか，目的を生徒と共有することが抜けていました。目的に応じた声かけや工夫が私の授業には足りなかったのです。例えば，ラウンド1では何度もリスニングを繰り返します。この際，いろいろな活動を通して生徒は教科書本文を聞きます。その時に，教師が与えるちょっとしたタスクが，インプットの質の高さに関わってくると考えています。例えば，物語の事実だけでなく，それぞれのキャラクターの心情はどうなのか，うれしいのか，悲しいのか，それはなぜなのかなど，もう一度聞けばわかる，いや聞きたくなるような質問を投げかけるよう工夫しています。また，帯で行っている会話活動では，同じトピックを同じ時間で何度も話す機会を作りますが，1回目と2回目に移る時にも教師の働きかけで会話の中身は変わってきます。1年目はそういった声かけができていませんでした。その理由はその活動の意図は何なのか，活動を通してどんな力をつけさせたいのかを私自身が理解できていなかったことによるものだったと思います。

❖ラウンド制授業をさらに生かすためには…

　1年目の私に足りなかった点は教科書のストーリーや言語材料の読み込みでした。ひとくちに「教材研究」と言ってしまえばそれが足りなかったのでしょうが，どこにどの表現が書かれていたのか，その表現がどんな場面で使えるのかをもっと研究すべきだったと感じています。1年の終わり，いや8か月経った12月あたり（ラウンド4が終わった頃）にはもう生徒は私以上に教科書の表現をインプットしていて，ピクチャーカードを見せるだけで生徒は教科書を暗唱するかのように言ってしまうのです。それだけ多く，そして質の高いインプットができていたにもかかわらず，それをうまく生徒のアウトプットにつなげることができませんでした。

　そう感じたのは，同僚の西村先生の授業を見た時でした。生徒も西村先生が提示した教科書の表現がつながり，ストンと腑に落ちている表情をしていました。提示のしかたは様々ですが，全体で発表の場を設け，生徒の表現からピックアップすることが多いようでした。それぞれの表現がどんな場面で使われているのかを生徒が理解しているからこそ，できることだと考えます。

ラウンド制授業で何度も繰り返して教科書本文に触れるからこそ，教科書の表現をいかに活用できるのかを提示することが教師の役目なんだということをひしひしと感じた時でした。だからこそ，生徒たちが何度も触れるということは，教師もそれ以上に触れておく必要があると感じています。

❖ 4年間取り組んで感じていること——我慢の大切さ

　初任としての1年間を終えて，それから3年，自分自身の授業で大きく変わった点は焦らなくなったということです。言い換えれば，その日の内容を生徒が理解できていなかったり，思うように話せていなかった場合に冷静になって，そこで答えを言うのではなく，生徒の様子をよく見たり生徒の発言に耳を傾けたりなど我慢できるようになりました。金谷先生もよくお話しされていますが，ラウンド制授業を行っていく上で必要なことは「我慢」，と私自身も感じています。それは教科書の内容と表現することのどちらに対しても言えることだと考えています。

　次のラウンドに入る際には，生徒とのやり取りを通して復習を行います。今では，後半のラウンドになればそろそろこの内容の質問をしても理解した上で返ってくるだろうと予想して，授業の準備ができていますが，はじめは文字も見せていない段階（ラウンド2）に入る際に，生徒が本文の内容をすべてわかっているかのように質問を浴びせていました。多くの生徒はその質問の意味さえも理解できていなかったことで自信を失わせてしまっていたと思います。

　また，教科書の内容に入る前に，本校では帯活動の一環で会話活動を行っています。例えば，1年生であれば普段食べる朝食のメニュー，好きな食べ物，休日の過ごし方，2年生であれば，休日の出来事，休日の予定などを生徒同士で伝え合います。詳しくは本書の2章で書かれていますが，1年目の授業では，生徒が自分のことをたくさん話せるようにと，こちらとしてはいいだろうと思って行った個々への質問はしつこすぎて，生徒も困っていたことも少なくありませんでした。どちらも私の焦りからくるものであったと思います。

　すべてを一遍にではなく，徐々に，徐々にという気持ちで2年目からは意識して取り組めています。今年度も1年生の授業を担当させてもらっていますが，今年は特にアウトプットを強要しないことを意識して，生徒が理解で

きていなければ，次の時には理解できるようにしかけを作ろうと焦ることなく進められています。生徒も授業を安心して，そして楽しんで取り組んでくれているように感じます。最近では授業を進めることに対して余裕が出てきたのか，生徒が話す英語，聞いている時の表情，書いた内容を落ち着いて受け止めている自分がいます。生徒も教員も何度も教科書本文に触れることができるラウンド制授業。できなかった時には次のラウンドでカバーできるというのが利点であると思います。だからこそ生徒の様子を見て，何が使えて，使えていないのか，を判断し，次の機会にどう注目させるかを考えるのが醍醐味だと感じています。

2．5ラウンドシステムの利点

　私は大学を卒業後すぐに本校へ着任し，今年で4年目になりました。ここでは，他の学校の勤務経験がない初任者として，私が実際に5ラウンドシステムの授業を実践してみての感想や体験談を紹介することで，ゼロからこのような形式の授業を始めてみようと思っていらっしゃる皆さんの不安が少しでも払拭できたらと思います。

❖教育実習で感じたギャップ

　大学在学中に英語教育を学んだ私は，インプット仮説やFocus on Formなど，たくさんの第二言語習得理論の知識に触れる中で，「これが自分の授業へ応用ができれば，生徒の英語力はつくはずだ」と思うことが多々ありました。しかしそれと同時に，「どうしたらうまく第二言語習得の知識を授業に取り入れられるか」という壁にもぶつかり，教育実習では授業づくりに悩んだ末，結局自分が中学生の時に教わった時のように授業をしてしまっていました。具体的には，単語の発音練習，音読，Read and Look up，ペアでロールプレイをして完結するというような流れでした。今思い返してみると，その授業ではインプットが十分に与えられていたのか，生徒たちが思考力を使って英語を使えていたのか…という反省ばかりです。このように，大学で学んだことと，自分が受けてきた授業や教育実習での授業には大きなかい離があったように思います。

❖5ラウンドシステムとの出会い

　大学卒業後に本校への着任が決まり，5ラウンドシステムと出会いました。まずは音声で概要の理解から始まり，おおまかな理解ができたところで大量のインプットを与える。英語のデータバンクが十分に増えてきたところで英語の決まりに気づかせていく。そして最後のラウンドでは自然と自分の言葉で表現ができる生徒になっている…。これこそ第二言語習得の理論に適った授業だ，と目から鱗が落ちる思いでした。

　しかし，このやり方についていくつか疑問がわいたのも事実です。それは，「確かに理に適ったやり方だけれど，本当に力がつくのか」ということと，「5回も同じ教科書を繰り返して，生徒は飽きてしまわないのか」ということです。しかしそんな疑問も，実際に5ラウンドシステムの授業を受けてきた生徒たちの姿を見ることで解消されていきました。着任前に，西村先生の授業を参観する機会がありました。そこでは生徒たちは表現することを恐れず，教科書の暗記ではない自分の言葉で自分自身のことや教科書のストーリーについて語っていたのです。さらに，もうすでに何度も触れてきている教科書の内容であるにも関わらず，教室には活気が溢れ，生徒たちは活動に飽きることなく楽しんでいることが感じられました。

❖英語で行う授業への対応

　このように，5ラウンドシステムの効果には，出会った初日から驚かされました。しかし，いざ自分がやってみるとなると不安な部分も少なからずあったのも事実です。その1つは，「授業のほとんどを英語で行う」という点でした。教師の話す英語も生徒にとっては大切なインプットになります。しかし留学の経験もなく，まさに従来の日本の英語教育だけを受けてきた私にとって，これは大きなハードルでした。これを何とか克服するために，まずは他の先生方の授業を何度も参観し，授業中の先生の言葉を一字一句書き取ることから始めました。初めはそれを自分の指導案に書き写し，そのまま自分の授業でも話すということで精いっぱいでした。しかしこれを続けていくうちに，5ラウンドシステムのある利点に気づきました。それは，活動の型がある程度決まっているので，使用する英語もある程度決まってくるということです。例えば，ラウンド1ではピクチャーカードの並べ替えをしますが，"Which picture comes first?" や "What can you see in this picture?", "How many characters are there in this story?" など，ある程度決まり文句のような質問が何度も登場してきます。これが初めのユニットでぎこちなくても，また次のユニットでも同じ活動をしますので，繰り返していくうちにだんだんと慣れてきます。このことは，私のような英語を「話す」ことが苦手な教師にとっては安心できる点でありますし，活動や指示の英語の型がある程度決まっているということは，結局生徒にとっても安心して授業についてこられるポイントなのではないかと思います。

　しかしその「型が決まっている」ことの安心感によって，いつの間にか5ラウンドの型をただ「こなすだけ」になってしまっていたことがありました。具体的には，あらかじめ決めていた回数を聞かせたり読ませたりするだけで満足してしまっていた時期がありました。実際に，音読を終えた後の穴あきリーディングのラウンドが，音読でのインプットが十分でなかったためにうまくいかなかったということがあり，大切なのは決められた回数をただこなすのではなく，各ラウンドの目的をしっかり達成するまで徹底的に行うことであるということを痛感した瞬間でした。しかし私のような初任者は特に陥りやすいのが，この「生徒の様子を見ずにただ決められたラウンドシステムの型をこなして満足してしまう」ということなのではないかと思います。

❖5ラウンドシステムの利点

　以上，5ラウンドシステムの授業を初任として始めるにあたっての不安や実際の失敗について書きましたが，4年目にして5ラウンドシステムの良い点ももちろん多々感じています。1つ目は，先ほども述べた通り，型が決まっているので教師と生徒双方にとって安心ができる点です。特に，私のような英語で授業をすることに慣れていない教師や英語で授業を受けることに慣れていない生徒にとっては非常に大きなポイントになると思います。また，型が決まっていることにより，お互いに先が見通しやすいということも挙げられます（年度の初めや各ラウンドが始まる前に，各ラウンドの内容や目的を共有しています）。先が見通せることにより，各ラウンドの活動において「なぜ今この活動をしなければならないのか」が明確になり，生徒が目的意識を持って活動に取り組めると思います。また，教師にとってもラウンドごとに生徒たちにどのような声かけをしたらよいのかがわかりやすくなるという利点を感じています。

2つ目は，教員がチームで取り組むことの利点です。この5ラウンドシステムは，チームとして取り組まないとなかなか実現が難しい方法であると思いますが，チームでやるからこそその良いところも初任者として感じてきました。それは，英語科全員で同じことに取り組んでいるので，何かわからないことがあれば「ここのラウンドのこの部分が…」と相談すればすぐに話が通じる点や，1人が感じた課題はすぐに全体の課題として共有することができる点です。また，授業についての相談をするだけでなく，実際に他の先生方の授業を見に行って，それをすぐに自分の授業に生かすこともできるというのも，チームとしての取り組みならではの利点ではないでしょうか。

❖ 今後の課題
　最後に，この5ラウンドシステムの授業を初任から4年間行ってみて，自分なりに今後の課題だと感じていることについて書きたいと思います。それは，このやり方を教員の間で代々伝えていく上での「伝え方」です。教員2年目にして，早くも英語科の後輩ができました。立場的に近いこともあり，授業について話すことが多いのですが，その中で意外と難しいと感じているのが5ラウンドシステムの伝え方です。初めはとにかくまねをしてもらえばいいと思っていました。しかしそれだけでは，初任の時の私のように決めた回数だけこなして満足してしまうという事態に陥ってしまいます。また，各ラウンドの意義をしっかり理解できていないと，自分なりにアレンジした時にポイントを外してしまうことにもなりかねません。したがって，新たに5ラウンドシステムを始めていく先生には，いかに負担にならない程度で各ラウンドの意義を伝えていき，確実にその目的を達成してもらうかということが重要であると感じています。ワークシートなどの教材はデータで簡単に引き継げる分，考え方を引き継ぐことに時間をかけることができるのではないでしょうか。

第5章

［座談会］
5ラウンドシステムで指導してみて

❖ 5ラウンドシステム実施までの準備や保護者への周知など

西村　5ラウンドについて，十分練って準備をしたのかとよく聞かれるのですが，実はそんなことはなかったですね。ある日突然思いついて，そこから急ピッチで準備が始まって，ラウンドが進むのと同時展開で教材を作ってという具合です。最初は，中2のはじめに教科書を半分まで進めてから戻るという方式にしてみたのですが，かえって煩雑になり，生徒も混乱したので，中1と同様に一気に教科書1冊を扱う方式に戻しました。

金谷　1年でやったことと2年でやったことを途中で変えるのは難しいですよね。保護者から具体的になにか意見があったことはありますか？

梶ヶ谷　6年間のなかではかなりいろいろありました。1期生の時は，学校自体ができたばかりで，生徒もパイオニア精神があり，新しい学校で先生たちが考えてこのやり方をするからついてきて，といったら，もちろんついてくるといった信頼感がありましたね。新しい取り組みをすることを生徒も楽しみにしてくれていて，ラウンド制がどうしてよいのかを保護者会であまり説明しなくても行えていた感じでした。

　個々の保護者からは，担任の先生との面談の時に，他の学校に行っている友だちと英語の授業のやり方が違う，文法の説明も少ない，学校で成績がいいのに模擬試験ではあまり点数がとれないなど，心配の声もいただきました。

西村　保護者の方にとっても受けていらした英語授業のイメージと異なるため，少しでも安心していただけるように保護者通信なども出していますね。

山本　ラウンドシステムを開始して数年間は不安感が強かったですね。しばらくは面談で話していても，文法はだいじょうぶですか，塾にいったほうがいいですか，といった相談を受けました。

梶ヶ谷　早い段階で保護者に説明会を行った学年もありました。また，英語科だけの説明会でなく，学年全体が集まるような場であらためて英語だけの時間をとって説明をしました。そのころからマスコミでも話題になって，5ラウンドシステムについてご存じの保護者の方もいらっしゃいました。一方で，当然不安に感じられる方もいたので，1期生から新しいやり方を取り入れてやっていること，すでにこういう成果があって底力がつくと信じてやっていること，ただし生徒が努力してくれないと始まらない部分が多く生徒の努力が必要なのでがんばってほしいことなどを話しましたね。特に，よく不

安に思われること，たとえば，外部テストの点が最初は伸びない時もあるけれど，後々力がついていくのが一期生で実証できている，ということも話しました。そのおかげか全体的な不安感はなくなったので，一回でも説明したことは大きかったと思います。

西村　最近は幸いなことに入学前から口コミで評判が広がっているので，もう保護者もこの学校の英語はラウンドシステムだ，ということを把握してくださっています。

金谷　保護者の方の様子が変化したのはいつごろでしたか？

西村　中３の秋に行ったカナダ研修旅行の報告会の時です。そこからあまり保護者の不安の声を耳にしなくなくなりました。

梶ヶ谷　自分の体験などを生徒がスピーチで１人ずつ語る，保護者も見に来られる報告会があるのですが，全員が原稿なく２分間英語で，英語をしゃべり通すんです。

山本　ちょうどその後に保護者懇談会があって，あんなに英語をしゃべれるんですね，と驚きの声が上がっていました。

阿部　話すこともももちろんですが，クラスメートの話す英語を聞いて，おもしろいところでは，笑っているんです。リスニングの力もついてるように感じます。英語で笑い合えている雰囲気にも驚かれる保護者の方もいました。

金谷　ある程度の定評ができてからは，入ってくるときにそういう覚悟ができたんですね。ただ，最初の３年間くらいはいろいろな意見があり，それが途中から安定してきた，ということですね。

❖感じられた生徒の英語力伸長の手応え

金谷　５ラウンドシステムの生徒の英語力に関する手応えはどうですか。私は数年間ずっと授業を見てきて，こんなに流暢に話せている，教科書に出てきた表現をよく覚えているなという感想をもっています。

西村　日々いろいろ驚きがありますが，大きな手ごたえを感じたのは中２の後半が最初でしたね。テストをすると点数差は出るのですが，授業中はどの子も遜色なく活動ができている。

　次に，高校に入ると，本当にやたらと話すんです。教科書が難しい内容でも，中学校の時に行っていたチャットなどからさらに力を付けて，いろいろな問題について意見を述べたり，あたりまえのように話している様子は驚き

でした。

梶ヶ谷　中学の時には，あるトピックについて意見を述べるというような練習はあまりやっていませんでしたから，高校の授業を見たとき，生徒たちの意見の言い方に本当にびっくりしました。

阿部　こちらがこういう時に使うんだよと言わなくても，ひとつながりのストーリーがあるから，教科書の表現をこういう時に使えばいいというのがなんとなく身についていますね。スピーチコンテストに出た生徒などは，教師が言わなくてもどんどん吸収し始めて，ライティングにもその表現を使っていたり。

　今日の授業では最初に週末の話をしたのですが，It was boring for me. とまとめとしてさっと最後に言っていました。私自身は授業中に言った覚えがなかったのですが，教科書の It was difficult for me ... といった文が多分残っていて，使えたのではないかと思います。

西村　生徒たちは教員の話すことをよく聞いていますね。だから口癖が移っていることがあります。

　意見を述べることについては堅苦しい感じで扱ったことはなかったのですが，中3になってから，2，4人でお互いにインフォメーションをやり取りするという活動を行っていたのが役立っているのかもしれません。

梶ヶ谷　3年生になると，生徒同士で学び合うということが圧倒的に増えますね。お互いに手助けし合いなさいということは常に言うのですが，1，2年生では結局先生の発話の方が影響が大きいと思っています。3年生になるとすごく話せる子が増えてくることもあって，先生よりも何回も友だちと活動させた方が伸びる。教員も使わないようなことを言い始める，といったことが中3で急に増えてきます。

　2年生の授業では使って欲しい表現などを意識的にティーチャートークで取り入れますが，中3の授業では話すモチベーションを上げるためにいろいろなことを話すほうが多いですね。しゃべりたいと思わせるトピックをうまく提示して，生徒同士の場を増やすだけでみるみる表現が増えていきます。

金谷　英語力の伸長度合いが，中学2年の真ん中当たりでギアが一段切り替わり，また3年になってもう一段ギアが上がる感じでしょうか。

西村　2年の勢いで3年生でも伸び続けている感じです。特に高校に入ってからは，何を要求しても難なくこなすと感じました。どんな活動を課しても，

できないということがほぼなかったです。
金谷　以前の中3の研究授業では，高校の教材を使って4人組で即興でレポートなどを行っていました。高校の授業の予告編のような活動でしたが，生徒たちは練習もなしに難なくこなしていましたね。
梶ヶ谷　即興性は高いと思います。
金谷　逆に，生徒の間で差がついていることはありましたか？
梶ヶ谷　授業そのものに追いつけないような感じはないです。差がなくはないのですが，できない子が取り残されるというよりは，2年生での伸びが急激な子とじわじわ伸びる子がいるんです。急激に伸びた子が中3のペア活動などをリードして，伸びの緩やかな子と学び合って後押しする感じがありました。差がつきすぎて授業がやりにくくなったり，スローラーナーの子が劣等感を持ち出すというより，友だちと英語で話すのが楽しいという雰囲気があり，ペアになるとどのペアも楽しそうに活動する場面が見られます。それまで先生がしていた役割を生徒が行うようになる感じです。
阿部　活動の様子を見ていると1回目で言えていなかったことも，友だちの助けを借りて2回目には自然と言えるようになっていることがあります。そこで学びが起こっているのだと思います。
山本　1，2年生のうちは，教員側もいいアイデアを取り上げたりして，友だちから学ぶための仕掛けをすることが多いですよね。苦手な子も得意な子も，それぞれが回数を重ねるごとにレベルアップしている感じがします。全く同じ内容を繰り返し話す生徒はほとんどいませんね。
西村　だからといって，英語が好きという生徒は実はそれほど多くないかもしれません。むしろ授業は苦しい時間もあるので…。
金谷　楽しさにもいろいろありますよね。手放しに楽しい，という楽しさだけでなく，できていく喜びというのもある。中1生のラウンド3の音読などを見ていると，繰り返し音読をしているのが実に楽しそうに見えます。自分のなかで次はこうしたい，こう読みたいということがあるから，最初できなかった発音ができると嬉しいという表情につながるのでしょうね。
西村　穴あき音読などで，教科書を見ないで読む時にはうまくできなかった箇所を，教科書を開いて読んでごらん，というと生徒はすごい勢いで読み始めることがあります。生徒は自分なりにできなかったところを確認しながらやっているんだと思います。機械的に見えても，生徒にとってはそれが良い

インプットになっている。

金谷　訳したり，模試で文法の問題を解くような伝統的な英語力の伸びについてはどうですか？

阿部　市の学力調査で訳す問題がありますが，完全に不正解という生徒はほとんどいませんでした。

西村　逆に訳し方が上手だと感じることはありますね。

梶ヶ谷　模試などで書けばよいという問題が出るのですが，たくさん書くのがいいという学び方をしてきているのでいろいろと付け加えて書く生徒が多いです。相手に謝罪するといった問題では，I'm sorry for ... と書くだけでいいのに，because ... と理由やいいわけを付け加えたり。ただし，採点基準で文法的にも合っていることを求められると，多く書いているためにスペリングミスなどがあって，Aが付くことが少ない。

金谷　正確性を重視する出題はあってもいいでしょうが，たくさん書くことを評価する出題もあってもいいですね。

梶ヶ谷　日本語から英語にしなさい，という設問だと外部テストでは正確さの点で正解にはならないんです。

西村　高校でも，内容的に理解していても細かい採点基準に沿わないと正解とされない。その点で受験対策は必要だと教員も当然感じていますが，生徒も感じているようです。

❖ラウンド制実施にあたって大変だったこと

金谷　ラウンド制で指導するのにあたって，大変だったことはありますか？初任で5ラウンドを担当された山本先生は，ご自分が中学の時受けた授業とは違いますが，どうでしたか？

山本　生徒がすごく自由に話している，というのが第一印象でした。自分が中学の時は暗唱や訳読をやっていましたが，コミュニケーションについては一問一答程度で，自由に行う授業ではありませんでした。

　教育実習では自分が習ったように教えたので，赴任してみてこの学校は違う，とは思いましたが，自分が大学で勉強した第二言語習得研究などの内容が活かされていると感じたのですんなり受け入れることができました。

梶ヶ谷　私が大変だったのは，教員になってから十数年間自分が良いと思って行ってきた授業との違いでした。一番の違いは，先に説明して，それから

練習するPPP（Presentation－Practice－Production）的な授業ではないということです。インプット－アウトプットのバランスの取り方や，説明を抑えめにすることなど，慣れないうちは大変でした。

❖使用する教科書の影響

金谷　教科書の構成もラウンドシステムが成功するための1つの要素ですね。

梶ヶ谷　3年間を通じてストーリーがつながっているのは現在採用している教科書の強みですね。昨年は高校の教科書を中3で一部使用してみたのですが，トピックやストーリーが課によって独立しているので，聞かせる前の導入トークの部分で苦心しました。前知識なしに1人で教科書を読むには，内容をかみ砕いて伝えたり，興味づけをするなどが必要です。

西村　私は高校の教科書のように課毎で独立したトピックでも，課の構成によっては，ラウンドシステムは行えると思いました。高校では各課が独立したトピックでも，課の本文を通して聞けば話はつながっているからです。ただし，独立している上にダイアローグや文法のまとめなど課の構成が複雑な教科書はあまり向かないかもしれません。

金谷　教科書1冊が1つのストーリーとしてまとまっていたらどうでしょう。

梶ヶ谷　ラウンドシステムで扱うにはそうしたほうがやりやすいですね。

金谷　小説を何度も読むように，回を重ねる毎に細かいことがわかっていって，自然に自分でも言えるようになっていくでしょうね。

梶ヶ谷　カナダに研修旅行に行ったときですが，生徒は教科書で習ったフレーズを日常生活でけっこうそのまま使用していましたね。それも適切な場面で。

阿部　生徒たちはストーリー以上にキャラクターが好きだというのも影響が大きいですね。固定した人物が変わらずに登場するのは安心できます。

❖課題は「正確性」？

金谷　生徒が英語は使えるのに模擬試験で点数を取れないことについてはどう感じましたか？

西村　あまり心配には感じませんでした。生徒が英語を使えるようになる姿には近づいていたので。中2，3と学年が上がるにつれて，知識面についてもだんだんと身に付けている姿もありましたし。

梶ヶ谷　不思議と正確性は増してきますね。

西村　1つ糧になったのは，"Fluency first, accuracy later.（流暢性が優先，正確性は後からついてくる）"という言葉で，それは生徒に接して実感しました。

梶ヶ谷　正確性への取り組みについては，中学2，3年生で少しずつ取り入れるのがよいと思います。たとえば，関係代名詞の使い方のコツなど，文法の簡単なまとめなどを取り入れる時間は十分あると思います。そうした知識の整理整頓を一定時間とるだけで，他校でラウンドシステムを実施する際にも，高校入試レベルなら十分対応できると考えています。文法事項については各ラウンドで慣れてきているので，教師が説明しなくても，実はこうなっている，と示すだけで生徒の方が腑に落ちるんです。

西村　皮肉なもので，ルールを説明しないほうが生徒は表現できるんですね。逆にルールを示すことで変に考え込んでしまうことがあるように思います。

金谷　単純なものほど説明が不要なこともありますね。逆に説明した方がよい事項をみつけて，それは押さえていくのがよいでしょうね。

西村　文法をどのタイミングで整理するかというのは，3年間のシラバスのなかでまだ明確に位置づけていないので，その点は今後の課題ですね。

梶ヶ谷　あらかじめ整理する時間を固定しておいて，というのもやりにくい部分があります。附属中では現在は学年を複数教員で担当して，進行具合を見ながら相談して決めています。先日も，指導案で「be動詞」を扱う活動を行うことを決めていたのですが，やや尚早ではという意見が出てずらしたことがあります。

金谷　先生が生徒の進行度合いを見ながら頃合いを図るのでよいと思いますが，それだけでは不安という人もいます。経験を蓄積した上で，この状態ならこれを行うとよい，といったものを今後共有していければ新たに5ラウンドに取り組む方もやりやすくなりますね。

　附属中では5ラウンドシステムで授業を進めるのに先生方が習熟してきましたから，これからは経験を活かして生徒の状態への対応を導き出せれば一層面白くなると思います。

第6章

5ラウンドシステムを導入した
他校の実践

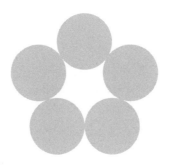

第1節　埼玉県熊谷市の取り組み

1. 熊谷市全体の取り組み──10のポイント

「ラウンドシステム（ラウンド制）」という授業スタイルは，平成24（2012）年度に開校した，横浜市立南高等学校附属中学校がはじめて導入した。同校ではこのシステムの導入により，実用英語検定の結果も含め，すばらしい成果をあげた。その後，熊谷市立熊谷東中学校が文部科学省・埼玉県教育委員会委嘱の「外部専門機関と連携した英語指導力向上事業」を受け，このシステムを手本として授業改善に取り組んだ。さらに，同市の玉井中，吉岡中，江南中が推進校に加わり，2016年度より，「ラウンド制」を市の重点取組として市内全中学校（16校）で実施している。このラウンド制を導入するにあたっては，熊谷市独自のラウンド制ガイドブックを作成すると共に，金谷憲先生に御指導をいただき[注]，市内の全英語科教員参加のもと，研修を積み，準備を進めてきた。

本市では，ラウンド制を導入するだけではなく，「教師がいかに英語で子供たちをていねいに接する＝かまうか」ということを大切にしている。もちろん，その「かまい方」も重要で，「すずめの学校」の先生のように，「むちをふりふり」と教師主体にかまったり，「めだかの学校」のように「誰が生徒か先生か」と子供と一緒になってかまったりと，市全体で実施している「生徒指導心得」で「かまい方」のバランスを特に大切にしている。そして，この考え方を土台に，次のような10のポイントを意識し「自信を持って自己表現できる生徒の育成」を目指している。

ポイント1は教師の「笑顔」である。教師の楽しそうな表情や生き生きとした態度は，子供の学習を動機づける何よりも重要な要素である。教師が授業で見せる「笑顔」は，それだけで1つの教育力となる。

ポイント2は「対話」である。生徒とのやりとりの中で，異なる考え方や捉え方を上手に引き出し，様々な意見や異なる考えを突き合わせることで，より深いレベルの理解や思考を目指している。

ポイント3は「我慢」である。生徒が自分で学んでいく力を育成する授業づくりのためには，「教師がいかに上手く教えるか」から「いかにして生徒に，独力で学習する場面を与えるか」という発想に転換をしなければならない。

教師は，教え込みすぎないための我慢が必要である。

ポイント4は「気付き」である。1回目では気付かなかったことも，生徒は2回目，3回目で徐々に気付き始める。まさに，これがラウンド制の醍醐味である。「教師が説明する」授業から「生徒が見つける」授業への転換によって，英語で自己表現できる生徒の育成を目指している。

ポイント5は「共有」である。教室には，様々な個性を持った生徒たちが集まり，それぞれの生徒たちの「わかり方」もまた様々である。お互いに「伝え合う」活動を位置付け，仲間と考えを共有することで，新たな自分の考えを生み出させる。

ポイント6は「漆塗(うるしぬり)」である。英語教育においては，短期間で学習を繰り返すことも大切であるが，漆塗りのように，時をおいて違う目標を持って復習を重ねていくことも大切である。一度で完結させようとせず，最後の自己表現活動に向けて，各ラウンドの目標を変えながら何度も塗り重ねていくことで，「英語力」という光沢をより高めていく。

ポイント7は「量から質へ」である。はじめから，英語の正確さを求めるあまり，「英語を口に出すことが怖い」「間違った英語は話せない」という思いに押しつぶされ，英語嫌いになってしまうケースは少なくない。「英語は勇気だ」「とにかく，たくさん話して，書いてみよう」という考え方のもと，はじめは大まかに間違いを直し，徐々に細かい間違いの修正へとつなげていく。長いスパンで正確さを磨き上げる「ブラッシング」を意識することで，「言葉を扱うときの正確さ」という二次的な目的よりも，「意味を相手に伝達する」という第1の目的にそった授業を実践する。

ポイント8は「タイミング」である。発問・説明・声かけ・スピードなど，すべてが授業において大切な要素である。最も大切なのは，授業では教師がしっかりと実態を把握した上で，生徒と呼吸を合わせていくことである。特に生徒のつぶやきや，生徒の力が伸びる瞬間を見逃してはならない。それをいかに拾い，声をかけ，かまってあげるかが重要なポイントである。

ポイント9は「仕込み」である。"I like dogs." "Do you like English?" "What sports do you like?" これらの英文が目の前の黒板に書いてあり，それを大きな声で教師の後にリピートできたとしても，それを色で例えれば「鉛色」にすぎない。「好きなものについて話したくなる」という場面を授業中に意図的に仕込み，さらに教師と生徒で命を吹き込むことで，色とりどり

の言葉の花を咲かせることができる。

ポイント10は「教科書」である。現在使用している教科書では，中学生のキャラクターが，3年間の学校生活の中で，友情，仲たがい，ロマンスなどを経験しながら成長していく。全編が1つのストーリーになっており，生徒たちは自分の生活体験と比較しながら，まるで絵本のように，ユニットを行ったり来たりして読み返していく。教科書を存分に使いこなすことで，生徒たちの理解をより一層深めていく。

以上10のポイントを押さえながら，授業がよりアクティブになるような実践をしている。

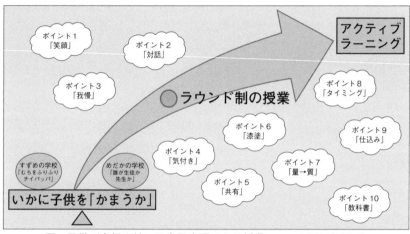

図　子供が自信を持って自己表現できる授業へ──10のポイント

埼玉県熊谷市では，市内で先行実施した4校を中心に，ラウンド制を導入した授業の実践に向けて，指導力向上を目指した研修会，授業研究会を何度も実施した。教師は今までの実践を見直すと共に，新しい指導法の習得に向け，積極的に練習を積み重ねた。本年度も多くの研修を計画している。教師の指導力は，英語力を含め年々確実に伸びている。それは，英語の授業で生徒たちが見せる「笑顔」がすべてを物語っている。そして，このラウンド制は高校入試についても十分に対応できるものと考える。入試では，短時間でまとまった英文の概要理解が求められるが，ラウンド制の導入によって「量に負けない生徒」が育ち，英語を書く力についても，量のみならず，質の向上が見られる。

結果的に英語は一生かけても，すべてわかるようになるとは限らない。いつもわからないことがつきまとう。知らない語が聞こえてくることもあるし，聞いたことのない音も聞こえてくる。そのわからなさに立ち向かうことができなければ，自立した言葉の使い手にはならない。目の前に，はっきりしないことがあっても，自分の生活経験や仲間からのヒントによって，類推しながら解決していこうとする習慣を，授業を通じて生徒たちに身に付けてほしいと考えている。

注）金谷先生の派遣についてはELEC（英語教育協議会）の英語授業改善指導のための専門家派遣制度（ELEC出前研修）を利用させていただいた。この場をお借りして謝意を表したい。

２．熊谷市立熊谷東中学校の取り組み

　平成25（2013）年度より，熊谷市立熊谷東中学校は，文部科学省の「英語によるコミュニケーション能力・論理的思考力を強化する指導改善の取組事業」（平成26〜28年度「外部専門機関と連携した英語指導力向上事業」）の委託指定を受け，「繰り返し」による指導の工夫に焦点を当てながら，学習到達目標をいかに達成させるか，その指導法の研究を進めた。

　「繰り返し」指導に着目した理由は，２つある。語学は，一度勉強しただけでは，身に付かないことを指導経験として持っているからである。また，現行の学習指導要領（平成20（2008）年度以降）では，「繰り返し」の文言が14回出てくる。平成10（1998）年度の学習指導要領の５回と比較しても，「繰り返し」学習させることで，生徒の英語の定着を目指していることが理解できたからである。

　研究１年目，２〜３年生に，前年度の教科書の内容について，教科書付属の絵を活用して説明させることを始めた。この指導法は，生徒も興味を示し英語科教員も生徒の積極性に手応えを感じていた。しかし，１年生については何を繰り返し指導したら良いか，明確な答えが出ないまま，試行錯誤の日々が続いた。熊谷東中の教員で20数年前に教科書を２回繰り返した経験のある者がいたため，横浜市立南高校附属中学校の「ラウンド制」の取り組みは，大変興味があった。早速，何回も授業を参観させていただき，２年目より見よう見まねで「ラウンド制」に１年生から取り組むことにした。

研究2年目，担当の依田(よだ)教諭は，初めての実践であり，見よう見まねでもあるため，指導について試行錯誤の日々が続いた。しかし，4ラウンド目（現在は，5ラウンド目に相当する）に入り，リテリングを始めると，生徒の活動に目を見張るものがあった。絵を使い，説明したことを一気に書き始めたのである。まさに飛行機が離陸する瞬間のように，生徒の意欲が目に見える形で表れたのである。シーンとした教室にカツカツカツっと書く音だけが響いた。その時の体の震えを今でも覚えている。さらに教科書の活用を工夫しながら，ラウンド制を継続研究することにした。

　研究3年目，担当の依田教諭は，もう一度1年生を担当し，ラウンド制に取り組んだ。指導の見通しも立ち，ラウンド制の良さがさらにわかると考えたからである。「ラウンド制」に今後取り組まれる学校は，経験のある先生が学年をまたがって指導すると，経験のない先生の指導の水先案内人にもなり，指導効果がさらに期待できるだろう。

　現在，1年生は，横浜市立南高校附属中と同じ *Columbus 21*（光村図書）の教科書を使用している。熊谷東中での研究も進み5ラウンドで年間指導計画を組んでいる。2，3年生は，異なる教科書だが教科書の良さを生かしラウンド制を行っている。

　「英語の授業で先生の説明する時間よりも，自分たちが英語を使って活動する時間の方が多い」の質問に対し，「そう思う／どちらかと言えばそう思う」と答えた生徒は，熊谷東中では80%である。熊谷市内の他校と比べて，約30%高くなった。また，3年生の英検3級以上合格者は，2016年11月時点で60%を超える見込みである。生徒が英語を使いながら，英語力を伸ばしていることが分かる。

　大きな成果は，英語力と学習意欲の向上である。生徒自身が英語を使う時間を確保し，学習内容や教科書の内容を「繰り返し」学習することによって，生徒はそれらの大筋が分かったのではないかと考える。大筋が分かり，様々な負担が減ってくると，細かいところにも目が届くようになるのではないか。そのため，リテリング等の練習が心地よくなっているように見える。ペアワークを中心に学び合う雰囲気は，より良い学習集団作りにも欠かせない。

　また，教師の指導力も格段に上がった。今までは，何をどう教えるかは教師主導の指導であった。しかし，ラウンド制の研究により，生徒がどのように英語を習得していくのか，生徒の様子を見ながら指導を考えるようになっ

た。生徒の気付きを大切にしながら，生徒自らが様々なことに気付けるよう学習活動をさらに工夫するようになった。

　今後は，教師と生徒，生徒同士のインタラクションをさらに活発にしたい。そして，教科書の内容や言語材料の扱い等，生徒が英語で理解し発信できるよう，教師の英語力も高めていきたい。

3．ラウンドシステムを導入した英語授業を実践している先生方の感想

●A教諭の感想

　本校では，昨年度より，ラウンド制の授業を取り入れた。このシステムを取り入れたことで，今までとは違い，教科書内容を初めて読む際，多くの生徒が抵抗なく読むことができたと感じた。これまで，"Repeat after me." と言って，まずは教師の音読に続いて読む活動を行っていたが，「じゃあ，まずは，自分で読んでごらん。」と読ませてみたところ，初めて読むにもかかわらず，多くの生徒がスラスラと読むことができた。これは，何度も繰り返し，音声で内容を聞いていた成果だと思う。そのおかげで，「読むこと」に自信を持つことのできた生徒が増え，積極的に教科書を読む態度の育成につながった。「書くこと」については，何度も聞き，何度も読んだ内容を転写したことで，最終ラウンドのストーリーリテリングでは，自分で話した内容を，教科書の表現を上手に使って書くことのできた生徒もいた。文法的なミスはあったものの，生徒は「書くこと」に抵抗を感じず，意欲的に書く生徒が増えた。

●B教諭の感想

　生徒との英語でのインタラクション，文法や単語を教えずにして，教科書を何巡も行うことができるのだろうか――と始めはうまくいかないのではないかという葛藤や，不安でいっぱいだった。もちろん，日本語を交えて英語を話すこともあった。それでも，現在ラウンド4を終えて思うことは，公立の中学校で，かつ学習障害や発達障害を抱える生徒がいる中でも，生徒たちは主に英語を使った授業ができるということである。このようなことが生徒にできるのかと，今まで自分が生徒たちの可能性の限度を作っていたのだと感じた。

　また，授業をしていく上で，インタラクションをしていくうちに，「○○っ

て英語で何て言うのですか？」と生徒が言うことが多くなった。教科書の内容についても，本当は教科書の登場人物のタクはこう言いたかったのかな？ こういう気持ちかな？ ティナはこれからどうなっていくのかな？ などと生徒自身が，教科書の内容の登場人物や場面にも興味を持ちながら，授業を進めることができている。先日，帰りの会で「～しないようにね」と言った際に，生徒から "Why not?" と質問されたときや，中国人の転校生がクラスに来たときに "Welcome to our school!" と生徒が発したときには，とても驚いた。とにかく，授業ではまず言ってみよう，練習してみよう，という雰囲気ができ，間違っていたり日本語と混ざっていても，必死に何かを伝えようとする生徒の姿勢を嬉しく思う。

●C教諭の感想
　本校は昨年度から，英語指導力向上事業の協力校としてラウンド制に取り組んでいる。2年目に入り，生徒達は前向きに取り組んでおり，英語でのやり取りに意欲的な生徒が増えている。教科書を繰り返し学習することで，生徒の関心・意欲は確実に上がっていると感じる。昨年度，4ラウンド目のリテリングの時には，教師も驚くような成長を見せた生徒もいた。繰り返しにより4技能を少しずつ伸ばし，最後にはそれらを統合して自分の言葉で人に話し，話したことを書いていくという自然な流れが生徒の言語習得にかなり効果的に働くのではないかと思う。ラウンド制の効果を教師が理解し，自信をもって教える事で，生徒の能力はさらに伸びると思う。今後も生徒と共にがんばっていきたい。

●D教諭の感想
　ラウンド制における教師と生徒のインタラクションの場面では，以前よりも意欲的に会話活動に取り組んでいる生徒が増えた。教科書の音読についても，読まされているのではなく自発的に読んでいる生徒が増えたことは間違いないと感じている。英語が得意ではない生徒も，仲間からの支援を受けながら，なんとか自力で読もうとする態度が見られ，教える側としては嬉しいかぎりだ。
　生徒と目標を共有し，何度もトライしながら進んでいくラウンド制は，教師の自分にも合っている指導法だと感じる。

第2節　高知県立中村中学校・高等学校の取り組み

1．取り組みに至った経緯——課題の整理

　本校は，県立中高一貫教育校であり，英語科は，中学校教員4名，高等学校教員10名，計14名で授業を担当している。高等学校から中学校への教員の乗り入れがあるが，中学校の授業方法に慣れないためか戸惑いを感じていたり，悩みを抱いていたりする現状であった。さらに，中学生の英語力に伸び悩みを感じており，授業方法に何らかの改善を加えるべきではないかという課題に直面していたうえに，中高一貫教育校であるにもかかわらず，教科内の連携にも課題を感じていた。校内学力検討会で，その問題が注目され，英語科内で問題を共有し解決策を探ることとなった。その折，年度末の研修会で金谷憲先生より「5ラウンドシステム」についてご紹介をいただき，興味を持った[注]。この授業方法を取り入れることができれば，中高一貫教育校という特色を活かして，課題解決の糸口が発見でき，成果につながるのではないかという思いで，英語科教員全員の同意を得て，このシステム導入への強い希望を抱き先生への依頼を試みることとなった。

　本校は，併設中学校は各学年2クラス，高等学校は内部進学の生徒が2クラスの各学年5クラス，全校740名規模の中高一貫教育校である。内部進学してくる70名の生徒は，併設高等学校への進学が保障されており，入学試験が行なわれないということもあり，中学3年次の学習へのモチベーションがなかなか高められず苦心していた。また，このシステムの導入により，内部進学生の学力や学習意欲向上に成功すれば，外部進学生も含めた生徒全体に対する相乗効果につながるのではないかという期待も大きかった。

　生徒の学力のみならず，英語の授業自体においても，何らかの問題点があるのではないかという中学・高校両教員の共通課題から，相互授業参観を試みた。そして，課題は少しずつ明らかになった。中学校の授業展開は各課，パート毎の完結型であり，活動が中心に設定されているにも関わらず，文法事項定着のための説明時間が少なくないという点，さらには取り入れられている言語活動の多くが単発的なものとなっており，学習した内容とあまりつながっておらず，そのうえ，実際に日常生活とリンクしていない場合が多いといった指摘があった。さらには，そもそも「英語を読む」機会が少ない授

業展開のため，ある程度まとまりのある文章を読む力の不足が高校英語授業への接続を難しくしているのではないかといった課題が明らかとなった。課題を明確にすることにより，実はこのような問題は中学だけに限らず，高等学校でも同様に発生しているという「気付き」があった。そこで，課題を中高の全英語教員で共有し，改善が必要であるとの共通認識を持ち，全員で改革を試みようと「5ラウンドシステム」導入への決心を固めた。「何かを始めないと何も変わらない」といった危機意識を，当時は全英語教員が持っていたように感じる。そして，システム導入に対する反対意見が出ることもなく，取り入れてみようという自然な流れとなった。

2．実施学年

ラウンドシステムは，中学1年生から実施することが望ましいが，このシステムを取り入れようと決めた時点では，新学期がスタートしていたため，どの学年での開始が適切であるかを話し合った。その結果，翌年度の中学1年生からの正式実施をイメージして，中学1年生をメインとして，中学全学年で導入を試みてはどうかという結論に達し，実際にそれぞれの学年の状態に合うようにアレンジして取り入れることとなった。

3．授業の実際

横浜市立南高等学校附属中学校で導入されているラウンドシステムをそのまま導入すると，今まで各課完結型の授業を受けていた生徒たちが混乱することは明らかであった。よって，討議のもと，まずは学期ごとでUnit 1から4をまとめて5回触れながら進めるといった形式の，プチ・ラウンド式の授業展開で試してみようということとなった。以下は，その例である。

《中学1年生プチ・ラウンド式イメージ例》

1学期	2学期	3学期
ラウンド1〜5	ラウンド1〜5	ラウンド1〜5
Unit 1・2・3・4	Unit 5・6・7・8	Unit 9・10・11

各ラウンドの授業内容は，横浜市立南高等学校附属中学校で行われているものと同じような展開であるが，ユニット全てを通す形ではなく，ユニットを少しまとめる形式である。しかしながら，生徒の状況をみながらまとめる

ユニット数を調整する必要があることが判明したため，次の通り調整を行った。

《中学1年生で実際に行ったプチ・ラウンド式のイメージ》

4月	5月	6月	7月	8・9月	10月	11月	12月	1月	2月	3月
ラウンド1〜5		ラウンド1〜5		ラウンド1〜5		ラウンド1〜5		ラウンド1〜5		
Unit 1・2		Unit 3・4		Unit 5・6		Unit 7・8		Unit 9・10・11		

《中学2・3年生プチ・ラウンド式イメージ例》

4月	5月	6月	7月	8・9月	10月	11月	12月	1月	2月	3月
ラウンド1〜5	ラウンド1〜5	ラウンド1〜5	ラウンド1〜5	ラウンド1〜5	ラウンド1〜5	ラウンド1〜5	ラウンド1〜5	ラウンド1〜5	ラウンド1〜5	ラウンド1〜5
Unit 1	Unit 2	Unit 3	Unit 4	Unit 5	Unit 6	Unit 7	Unit 8	Unit 9	Unit 10	Unit 11

1学期は様子を見ながらの導入となり，学年によって，またはストーリーの内容によって，まとめるユニット数に変化を加えた。横浜市立南高等学校附属中学校で使用している *Columbus 21* の教科書のように物語形式で各ユニットがつながっていないため，ユニットをまとめる際に違和感はあった。まとめるユニット数は少ない場合でも，基本的にそれぞれのユニットに5回は必ず触れるという共通認識を持ち，全学年でラウンド式での授業を展開した。

4．生徒の変容

❖本格導入前年度の生徒の変容

導入当初生徒たちは，今までの授業展開に慣れていたため，ノートを取らない，音声のみで展開される授業，さらには，何度も読み続ける授業展開に動揺を隠せない様子であった。授業中に何度も「こんなやり方で，本当に英語力つくの？」「速すぎてわからん」「今までのような授業がいい」といった声が多く聞かれた。しかしながら，教員側は怯まず，絶対英語を使える力につながると生徒に声をかけながら，ラウンド式の授業を貫いた。教員側からは，「生徒の声にめげそうです」という声が何度も聞かれたが，成功している横浜市立南高等学校附属中学校の生徒の姿を思い描き，もし，ラウンド導

入に失敗したとしても、今より悪くなることは絶対にないと教員同士で励まし合いながら取り組んだ。無謀な挑戦にも見えたが、教員側の何かを変えたい、そして、今までの授業より良いものにしたいという熱意が影響を与えたのか、徐々に生徒たちの反応は変わっていった。

　ラウンド式を取り入れ、半年を過ぎた頃から教員側もラウンド式の授業展開に慣れ、進め方がある程度確立されていった。今までの各課別に工夫し考え出していた言語活動中心の授業展開から、「何度も英文に触れさせる・読ませる」というこのラウンド式に変えることを試みたことで、「聞く・読むことを中心とした授業に徹すればいいのだ」というシンプルな答えにたどり着いた。そして、そのような授業展開へ英語科教員全員で挑戦を試みる中で、生徒にいかに多く英語に触れさせるか方法を互いに共有しながら、英語力を定着させる授業方法を探っていくのも楽しいのではないか、また、その方が生徒の学習意欲向上の動機付けにもつながるのではないかという考え方へシフトしていった。

　実際に授業中の生徒たちの様子を見ると、教科書の表現を少し変えるだけでさまざまな表現ができるということに気付き始め、自分なりに表現方法を工夫したり、友だちや先生が使用した英語を真似てみたりすることにより、リテリングを楽しむ姿が見られるようになった。明らかに今までの授業では見られなかった生徒の姿がそこにはあった。

❖本年度の授業の実際・生徒の状況

　2017年度は、中学2・3年生は前年度と同じく内容や生徒の様子を見ながら進める、プチ・ラウンド式での授業展開、中学1年生は完全5ラウンド式（横浜市立南高校附属中学校形式）で授業を行っている。生徒や保護者の方から、授業方法については何の苦情もなく、保護者の方からは「英語をしゃべれるようになるんでしょ」といった声も聞かれ、生徒を通じてラウンド式授業が浸透していっているように感じている。中学2・3年生は、昨年度と同様の流れのため、授業展開への慣れが感じられる。リテリングのテストを行う際も、正式なテストであるにもかかわらず、楽しんでいる様子が伺える。授業中のリプロダクションの際に、ある生徒が "She don't ..." といったとき、ペアの生徒から「なんか違和感があるね」といった声が聞かれるようになったという。また、中学1年生がある高校の教員に「先生、英語で話そ

う！」と積極的に英語で話しかけ，15分ほど自分が知っている英語を必死に使い，英語でコミュニケーションをとったという。これは，ラウンド式の授業を行ってきたことで，生徒たちに習った英語を実際に生活で使用してみたい，「英語をもっと知って使いたい」という気持ちが芽生え，初めて会った先生と英語でコミュニケーションを図ってみようという試みにつながったのではないかと考えられる。

　一方，高等学校の授業については，年間を通じて英語科教員全員でラウンド式の授業方法の研修会を重ねてきたことにより，とにかく何度も教科書の本文に触れる事が大切であるという共通認識が浸透した。そこで，高等学校でも1・2年生を対象に，ラウンド式を取り入れた授業を展開してみてはどうかということになった。

　昨年度，プチ・ラウンド式での授業を経験した中学3年生が高校1年生となり高校へ入学してくることも鑑み，高校1年生への導入の許可はスムーズに進んだ。高校2年生に関しても，昨年度とは授業スタイルは大きく変わるにもかかわらず，大きな混乱もなく円滑に導入が進んだ。高校へ導入したラウンド式は，教科書に3回触れるという，3ラウンドの形式である。

《高等学校（1・2年生）3ラウンド式》

1学期中間試験	1学期期末試験	2学期中間試験	2学期期末試験	3学期学期末試験
Chapter 1・2	Chapter 3・4	Chapter 5・6	Chapter 7・8	Chapter 9・10
ラウンド1：リスニング ラウンド2：リーディング ラウンド3：リテリング				

　ラウンド1は，とにかく英文を聞かせることを目的として，あらゆる方法で聞かせる授業にすることに重点をおいた。例えば，ピクチャーカードの並べ替え，QA，TF問題などを中心に展開し，聞くことで理解を促す授業を行っている。ラウンド2は，様々な方法で読ませることに専念させる授業，ラウンド3は，自分なりの言葉，表現方法でリテリングできるようになることを目指した授業を行っている。

　併設中学校から進学してきた高校1年生の生徒たちの一部から「中学の時のやり方の方が，英語力がつく気がした」という発言があったとの報告があった。これは，昨年度プチ・ラウンド式を取り入れてきた成果であると言

えるのではないか。高校に上がると，ラウンド式を取り入れたとしても，本文に触れる回数は本文の難易度とも相まって，どうしても減ってしまう。生徒たちは，何度も繰り返して聞き，読み，リテリングしてきた経験から，英語を少しでも使えるようになったと実感しているのではないか。英語科の教員間でこの「生の声」を共有し，さらにラウンド式への理解を深め，教員自身が体得しながら，高校でもこのメソッドを確立させようという意欲を掻き立てていった。

　高校2年生は，昨年度との違いを感じている様子は伺えたが，オリジナルピクチャーカードを使用した導入がわかりやすいということも手助けして，特に不満が出ることもなかった。何度も聞き，読むスタイルに慣れ，現在は，ラウンド式を自然な流れとして受け入れ，使えるようになることを意識して，授業に精一杯取り組んでいる姿が見られる。1学期の最初のうちは，リテリングのイメージがわかないためか，3ラウンド目にあたるリテリングの時間に，教科書を丸覚えして言ってしまう生徒もいたが，現在は自分の頭に浮かぶ英語を使用しながら，間違いながらも，さまざまな表現方法で相手に伝えようと努力している。

　また，外部テストにおいても，文法事項に関しては成績データはそれほど振るわないが，リスニング力の向上が見られ，また，読解力と表現力の観点において，全体的に成績が向上してきている現状である。

5．研修の実施

　このシステムを導入するにあたり，教員側は授業実践に向けて，かなりの練習が必要であると実感し，前年度，全8回の研修を行なった。まず，横浜市立南高等学校附属中学校で実際に併設中学1年生から取り入れ，成功されている5ラウンドシステムを知ることが急務であると考え，研修を組み立てた。5ラウンドシステム授業の様子を解説した市販のDVDを使用し，システムの概要を知ることから始めた。そして，実際に本校の生徒たちへ，システムを導入することは可能か否かを判断してもらうために，金谷先生に授業を見ていただいた。この生徒たちなら実施可能ではないかとご判断いただき，導入に向け計画を進めることとなった。

　なぜ，横浜市立南高校附属中学校の生徒たちはこの方法で，知らず知らずのうちに英語を使えるようになるのか，そのような力を習得するために「教

科書の本文を聞く・何度も読み表現する授業展開」で，目標達成は可能か否か，また，そのような力を身につけるために，果たしてどのように展開すれば生徒の興味をひくのか，知れば知るほど，5ラウンドシステムへの疑問が生まれた。

研修の一環として，実際に取り組まれている横浜市立南高等学校附属中学校より西村秀之先生をお招きしラウンドシステムの実際についてお話しいただいた。疑問に思うことを一覧表にし，質問をし，授業方法についてより細かい部分を知る機会をいただいた。そして，実際に同附属中学校の現地視察にも伺わせていただいた。

ある程度ラウンド式授業を理解した後の研修会は，マイクロティーチングで行った。教員が生徒役になりきって授業を受け，そこで生じる問題を，生徒の実態と照らし合わせながら起こりうる課題点について話し合ったり，改善点を探り合ったりした。そうすることで，システム導入へのイメージを膨らませ，教員間のコンセンサスを徐々に図っていった。

6．ラウンドシステム実施に向けた研修から学んだこと

シンプルな授業形態の中で，いかにパーソナライズ（生徒の生活との接点を意識させることが）できるかがラウンドシステムの授業を左右するのではないかと感じている。生徒とともに授業の中で起こりうる話題や課題を共有し，ともに解決策を模索しながらパーソナライズ方法を学んでいくことで，授業力を向上させられるのがラウンド式の醍醐味であると感じる。

ラウンド式の授業で大切なことは，自然な雰囲気の中で起こりうる質問の投げかけ合いである。つまり，英語でのコミュニケーションが取り立てて準備されたものではなく，生徒たちが質問に対して緊張したり，かまえたりしなくなる環境作りが必要である。そこには，授業中の自然の流れの中で生徒も教員も会話や議論を楽しむ「遊び」があり，それがさらに良い環境作りに貢献していくのではないだろうか。また，教科書で習ったことを使えるようになることが目標とされており，授業は完全にその目標達成に向けての「練習場」となっている。その中で，生徒たちは自然に脳を活性化させる方法を学び，実生活と結びつけながら考える機会がおのずと与えられている。

マイクロティーチングを行なっていく中で，生徒役となりその立場になって考えることで，意外な場面でつまずきを感じたり，こだわりを強く持ちす

ぎて，先へ進めなくなるといった瞬間を教員自身が肌で感じることにより，新たな「気付き」が多くあった。管理職も研修会に参加し，率先して研修を楽しんでいる環境が，授業者の教員をやる気にさせる。また，生徒役の教員が盛り上げる雰囲気が，ともに学び考えることを楽しみ，教員の授業力を向上させることにつながっているように感じる。

7．教員の変容

　この研修をきっかけに，中学1年生からの授業のあり方はもとより，中・高教員が一体となって，生徒を育てる方法を真剣に考えることができるようになったと感じている。個人がどんなに良い研修を受けたとしても，その成果を同僚に伝え共有することはできても，完全に伝えることは困難である。しかし，全員が同じ空間で直接研修を体験すると，ある程度共通理解が得られる。研修会を通じて，最も変化を感じたのは，英語科教員の一体感である。全員で研修を受けることにより，方向性が明確となり，育てたい生徒像を共有することができたことは大きな成果であったと感じている。

　5ラウンドシステムを学ぶことで，教員の発問次第で教科書が生徒にとって，こんなにも面白い教材になるということがわかった。また，生徒たちがいきいきと活動できる方法を共に考えたり，インプット量を増やす方法を直接学んだりすることにより，教員が持つ発想力や想像力を掻き立てられ，質問力向上につながっている。そして，それは自然と生徒へと伝わり，生徒自身が自らの発想力を活性化させながら，いきいきと授業に取り組んでいる様子を目の当たりにすることができた。また，毎回の研修での金谷先生からのご助言は，核心をつく鋭いもので，次回の研修会へ向けて，それぞれの教員のモチベーションを上手に向上させてくださっていることを実感している。

8．中高の連携の必要性

　中・高両教員がお互いに，中高連携の英語授業に対して理想像を心の中で描いたとしても，実際には，それぞれが目の前の生徒と向き合うことに精一杯で，お互いの授業がどのように行われているのかを知る機会はなかった。しかしながら，今回このような研修の機会を設けたことで，互いの授業を参観したり，マイクロティーチングを通じて改善点を探り，議論を繰り返したりする中で，改めてお互いの授業の現実と向き合い，知らなかったことを互

いに認識することができた。

　そして，連携するためにはまずお互いを知ることから始めなければいけないという初歩的な発見があった。中・高のお互いの授業から課題を発見し，共通の方向性を見定め，ともに研修を重ねることで授業改善に対する相乗効果が生まれた。この研修を受ける前は，中・高教員の中で，中学と高校は別物であるといった，お互いの心の中で燻っていた思いがあったが，この研修会を通じてその思いが表面化し，お互いの悩みを共有できたことで，中・高共通した授業の方向性を見出すことにつながったように感じている。休日に設定した研修会にもかかわらず，英語教員全員が参加してきたことが，それを証明しているのではないだろうか。中学校の5ラウンド式からヒントを得て，高校の3ラウンド式を思いつき，実践が成立していることが，まさに中高連携の必要性を証明しているのではないか。

9．今後の課題と展望

　まずは，中・高各学年に沿った具体的なシラバスを組み立て，運用を軌道に乗せる必要がある。異動により教員の入れ代わりが激しい現状下，県内にとどまらず，できるだけ多くの先生にこのシステムの効果を理解していただき，教員の入れ替わりが発生したとしても，対応可能なシステムを確立しなければならない。この授業方法が中高一貫教育校の一部の学校でのみ実現可能であるといった固定観念を覆し，公立中学校の英語授業にも本質的な部分では，同様に必要であるものだということを，県内の中・高英語教員全体で共有する必要があるのではないかと感じる。ラウンド式授業（ラウンドシステム）は，完全コピーは無理にしても，目指すべき英語力のつけ方や授業方法が秘めるコンセプトは同様であり，多くの中学・高等学校で部分的には導入可能であり，生徒の英語力向上への大きな効果があると確信している。

注）ELEC（(一財)英語教育協議会）の「英語授業改善指導のための専門家派遣制度（ELEC出前研修）」の支援によって，金谷先生の派遣をしていただいた。同協議会にはお礼を申し上げたい。

第 7 章

まとめと課題

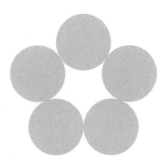

❖効果は絶大（横浜南）

　以上のように，横浜市立南高校附属中学校での5ラウンドシステムは行われています。第1期生から現在，第6期に至る6年間，このシステムが行われ，教育方法としては確立したと思います。

　その効果は絶大だと言って良いでしょう。中1の終わりで，すべての生徒が，教科書のピクチャーカードを示しながら，各unitの説明を英語ですることができるようになっています。上手，下手はありますが，原稿なしで，自分の言葉で説明しています。聞いている生徒も，発表している生徒が言葉に詰まったときなど，手助けをしてあげています。

　Billy's Testによって，英文のマクロストラクチャー（SV+α）を捉える力を見てみても，5ラウンドを実施していない中学を凌駕しています。

　外部テストの結果で言っても，第1期生の中学卒業時での，英検準2級取得率は85％です。これは英検史上初の記録だそうです。

　高校に進学しても，中学で培った英語の基礎力は生徒たちを十分支え，高校教科書の長文なども大部分頭に入っている状態になっています。横浜南中・高の生徒さんたちの実力がこれ以後も伸びて行くことは間違いのないことだと思います。

　横浜南の実践については，細かい点に留意して実施すれば，なおシステムとして改良されると思います。

❖課題

　横浜南は良いとして，他の地域や学校での取り組みについてはこれから，改良，改善されるためには，いくつかの課題について解決していかなければならないと思います。

　本書の締めくくりとして，5ラウンドシステムのような授業方法を成功させるための課題を以下の5つの側面からコメントします。
　　○教員研修
　　○高校でのラウンドシステム
　　○6年制と3年制
　　○教科書の問題
　　○その他

❖教員研修

　どんな教授法にせよ，それを使いこなすには練習が必要です。とりわけ，横浜5ラウンドシステムのようなやり方は教師の力量に左右されます。

　このシステムが成功するかどうかは，教師が生徒と身近な話題で簡単な英語を使ってインタラクション（平たく言えば，雑談）ができるかどうかにかかっています。この方式の肝は，教科書のみで勝負するということです。教科書の内容を生徒の生活に結びつけて，「膨らます」必要があります。生徒の生活実態を知って，教師も自分の生活をオープンにして，興味ある具体的な話題を提供できなければなりません。よく，朝食に何を食べるか，パンかご飯か，などと尋ねることがあります。悪くはありませんが，これだけだと具体性に欠けます。雑談の得意な教師は，例えば「目玉焼きには何をかける？醬油？ソース？ケチャップ？」などと聞きます。これで俄然生徒は活気付きます。

　話題の具体性に加えて，教師の使う英語の表現が生徒にとって分かり易くなければ，このような雑談はできません。明らかに頭に浮かんだ日本語をそのまま英語に直訳している教師も見受けられます。英語で簡単に表現する練習が不可欠です。

　そして，大前提は，英語教育の前に，生徒との良好な人間関係ができていないと5ラウンドシステムのようなやり方は，厳しい修行のようなことになってしまい，大量に英語嫌いを作ってしまうでしょう。

　こうした力を身につけるには，日頃からの練習が必要です。横浜南では，先生方が授業を観察し合っていることをよく目撃します。また，放課後などにも練習が行われています。新たに5ラウンドシステムを採用しようとする学校では，日々の教員研修が欠かせません。

❖高校でのラウンドシステム

　横浜南では，1期生は現在高校3年生です（2017年現在）。したがって，まだ，卒業生が出ていません。卒業生が出ないと，高校でのラウンドシステムが完成しません。まだ，試行錯誤の連続，といった段階です。

　生徒の英語使用を見ていると，高校2年生でここまで話せるようになるのだと驚くほどですので，大きな問題はないと思いますが，3年間の取り組み

という意味では，2，3学年が卒業するまでに確立されていると良いなと思います。

　横浜南の高校でのラウンドシステムは，高1では教科書全課を3回，一気に回していましたが，高2では半分に分けて，半分ずつ3回回しています。まだまだ，方法が確立されているとは言えません。このまま試行錯誤を繰り返し徐々に生徒に合った高校ラウンドシステムを確立する必要があると思います。

❖ 6年制 vs. 3年制

　この本で主にご紹介したのは，横浜市立南高校附属中学校の取り組みです。この学校は既にご説明したとおり，6年制の一貫校です。ラウンドシステムのようにふんだんに練習し，その中からルールなどを体得して行く形の授業は，6年一貫制に適しています。

　生徒たちは，英語をどんどん身につけ，量に抵抗感がなくなりますし，英語を聞いたり話したりすることに慣れてきます。しかし，正確性は同時に身について行くものではありません。文法ルールを間違って覚えていたり，綴りに少し甘いところがあったりします。しかし，こうした現象（？）も途中経過であり，6年間続けると，そうした甘い部分もキチッとすることは大体見当がついています。

　問題は，6年制ではなく，中学3年間のみでラウンド制を実施した場合のことです。これは，今，埼玉県熊谷市の全部の中学校（16校）で試されています。3年経った時に高校入試が来ます。入試で細かい正確性を求められた場合，正確性までまだ手が回らない時期に入試が重なると，進学実績に良くない影響が出る可能性があります。高校入試対策も充分ぬかりなく考えておかなければなりません。熊谷市の試みが成功すれば，かなり全国的に広がって行くと思います。熊谷市の健闘を期待したいところです。

❖ 教科書の問題

　横浜南のようなラウンドシステムでは，教科書にも影響を受けます。2017年現在，中学用検定教科書は6種類ありますが，教科書全体を通じてストーリー性のあるものがラウンドシステムには適しています。横浜南の教科書は *Columbus 21*（光村書店）です。この教科書では，1年から3年まで

の間に登場するキャラクターたちの人間関係が変化するなど1つのストーリーのような形になっています。こういう作りだと，物語を覚えるようにして回数をこなすことができます。

　中学校用の検定教科書はどれも，一定の登場人物がいますが，どちらかと言えば，unit毎のトピックで完結する形が多く，登場人物の関係がunitを通じて内容的に横に繋がって行くものは多くないと思います。公立校の場合，教科書は広域採択ですので，ある特定の教科書でないと成立しないシステムになってしまっていては，この方式は広がっていきません。もっと，ストーリー性を強くした教科書が複数出てくるとラウンドシステムはよりやり易くなると思います。

❖その他，マイナーな問題

　主な課題は以上ですが最後に，英語教育としては本質的ではないのですが，実施してみて，当初想定できなかったいくつかの問題を指摘しておきたいと思います。

　1つ目は，ティーム・ティーチング（以下TT）の問題です。5ラウンドがうまく機能するようになると，先生は生徒のサポート役で，何かをプレゼンする必要性が低くなります。1人の先生の役割が軽くなるので，ましてや2人の先生が教室にいるTTはあまり必要がなくなります。

　したがって，ALTの役割が減るか，減らないまでも，変化せざるを得なくなると思います。面接テストをする，ライティングなどにコメントをする，投げ込み教材を作る，といった役割にシフトして行くのではないかと思います。

　2つ目は，公立学校の場合の人事異動です。横浜南では，3年続けて初任の先生を迎え入れてきました。初任の先生はラウンドシステムにはちょっと驚いたかもしれません。しかし，他のやり方で教えた経験があまり長くないので，かえってこの方式に早めに慣れたという側面があります。

　しかし，何年間も他のやり方で教えてきた先生が横浜南に転勤になった場合，ギャップに相当悩むことになることでしょう。また，初任からラウンドシステムだった，現在のスタッフが転出して他の学校に移った場合，ラウンドシステムを何年も実施している中学は今のところ横浜南のみですので，これまた，大変になります。

3つ目は，教育実習の問題です。教育実習は母校で行うケースが多いと思います。その際，実習先がラウンドシステムで教育していると，ラウンドのどこか1つ，うまくいっても2つ程度しか経験できません。

　横浜のように，150校もある中学のうちのごく少数がラウンドシステムという現在のような状況なら，そうした学校を受け入れ校としては外すということが考えられます。しかし，熊谷市のように全中学校がラウンドシステムとなると，避けるというチョイスがなくなります。これは，英語教育そのものの問題ではないのですが，解決策は考えておかなければなりません。

　これらはいずれも，5ラウンドそのものの中身とは直接関係はありませんが，学校としては，解決策を考えておく必要のある課題だと言えます。

❖ むすび

　横浜5ラウンド・システムは，昔から言われている「スパイラル」な指導，漆塗りの教授方法などを真っ向から捉えて実践しているという意味において，注目すべき試みです。

　中学の学習指導要領で言えば，昭和33年のものから，スパイラル（という言葉は使っていませんが）的な指導の重要性は書かれています。実際の文言は，「基本的にして運用度の高い言語材料は，各学年を通じて反復させるとともに，その上にしだいに程度の高い言語材料を積み重ねていくようにすることが必要である」となっています。次の昭和44年（1969年）の学習指導要領でも，「各学年の内容として示す言語活動および言語材料は，当該学年で指導するばかりでなく，次の学年以降においても反復して指導し，これに習熟させるようにすること」などが書かれています。まさに，考え方はラウンドシステムです。

　こんなに昔から言われていることが，実践されず，今日まで来てしまっているのは，大変に残念なことです。

　習ったことが一度で身につくことはありません。どの教科でもそうでしょう。特に，英語のような教科になると何年も豊富に練習して初めて使えるようになるのです。

　横浜5ラウンドシステムは，繰り返し練習して身につけて行くという考え方を，学校英語科全員で取り組んだ希有の例です。今後，多くの地域や学校でラウンド的な試みがなされて行くと，生徒たちの英語力の底上げに大きな

力を発揮するのではないかと思います。

　2016年11月16日に，2016年度の公開研究会が横浜南で開催されました。中3と高2の授業公開でした。高2は，何度も述べたように，中高一貫校になってからの第1期生です。この生徒さんたちは，ペアで，あるいはグループで，あるいはクラス全体で英語を使ってさまざまな活動をしていました。「臓器移植」という難しいテーマについても相手の意見に耳を傾け，英語で話し合っていました。ほとんどの生徒が自分の意見を英語で発言できていました。

　「この子たちが，大学に進んだら，そして社会人になったら，身につけた英語を使ってどんな活躍をするのかな」と考えて授業を見ていました。「自分（金谷）が高2の時，横浜の生徒たちが話している内容をどのくらい言えただろうか」，とも考えました。彼らの半分も話せなかったでしょう。いや，ほとんど何も英語では言えなかったと思います。そんな英語力を彼らは，教科書を繰り返し学習することによって獲得したのです。地道に教科書で基礎力をつければ，十分な英語力を身につけることができることを彼らは示してくれています。

　スローガンを取り替え引き替え提出するのに，時間を空費する英語教育界の悪しきしきたりからは，いい加減に卒業しましょう。もうスローガンは出尽くしています。新しいスローガンを作るのは止めましょう。そのかわり，スローガンの実現に10年，20年という単位で取り組むことにしましょう。いろいろ試してみて，成功も失敗も共有して，生徒の英語力向上を図るのが良いことではないでしょうか。

　横浜5ラウンドシステムは，繰り返し練習を基軸にして定着を図る取り組みの一例です。今後，このシステムが広がることを期待したいと思います。また，同じコンセプトで異なるシステムが開発されることも同時に期待したいと思います。

執筆者一覧（五十音順）

金谷　憲（かなたに　けん）［監修，第1章・第5章・第7章担当］
東京大学大学院人文科学研究科修士課程，教育学研究科博士課程及び米国スタンフォード大学博士課程を経て（単位取得退学），32年間，東京学芸大学で教鞭を執る。現在，フリーの英語教育コンサルタントとして，学校，都道府県その他の機関に対してサポートを行っている。専門は英語教育学。研究テーマは，中学生の句把握の経年変化，高校英語授業モデル開発など。全国英語教育学会会長，中教審の外国語専門部会委員などを歴任。1986年より3年間ＮＨＫ「テレビ英語会話Ⅰ」講師，1994年から2年間ＮＨＫラジオ「基礎英語2」監修者。
おもな著書に，『英語授業改善のための処方箋』(2002，大修館書店)，『和訳先渡し授業の試み』(2004，三省堂)，『英語教育熱』(2008，研究社)，『教科書だけで大学入試は突破できる』(2009，大修館書店)，『高校英語授業を変える！』(2011，アルク)，『高校英語教科書を2度使う！』(2012，アルク)，『中学英語いつ卒業？』(2015，三省堂)，『高校生は中学英語を使いこなせているか？』(2017，アルク)など。

阿部　卓（あべ　すぐる）［第4章第4節・第5章担当］
横浜市立義務教育学校西金沢学園教諭
神奈川大学英語英文学科卒業

臼倉美里（うすくら　みさと）［第4章第1節担当］
東京学芸大学教育学部准教授
東京学芸大学大学院 連合学校教育学研究科博士課程修了
おもな著書に，(共著)『高校英語教育を整理する！ 教育現場における22のギャップ』(2015，アルク)，(共著)『高校英語授業を変える！ 訳読オンリーから抜け出す3つのモデル』(2011，アルク)。

岡村賢一（おかむら　けんいち）［第6章第1節担当］
熊谷市教育委員会学校教育課指導主事
獨協大学経済学部卒業

梶ヶ谷　朋恵（かじがや　ともえ）
［第2章第2節・第3章第2節・第4章第3節・第5章担当］
横浜市立義務教育学校西金沢学園副校長
早稲田大学教育学研究科英語教育専攻修士課程修了

庄﨑里華（しょうざき　りか）［第6章第2節担当］
高知県立中村高等学校教諭
高知大学大学院総合人間自然科学研究科修了

砂田　緑（すなだ　みどり）［第4章第2節担当］
実践女子大学非常勤講師
東京学芸大学大学院 連合学校教育研究科博士課程修了，教育学博士
砂田緑「英文復唱課題における学習者の文処理の考察」『外国語教育研究』第17号，pp.40-58, 2014年．

西　博美（にし　ひろみ）［第6章第1節担当］
熊谷市英語指導専門員，元 熊谷市立熊谷東中学校長
中央大学商学部卒業

西村　秀之（にしむら　ひでゆき）
［第2章第1，3～5節・第3章第1，3～4節・第5章担当］
玉川大学教育学研究科教職専攻准教授
東京学芸大学教育学部中学校教員養成課程英語科卒業
おもな著書などに，『(DVD) 横浜5 Round System　1年に教科書を5回繰り返す中学校英語授業』(2015，ジャパンライム)，(共著)『アクティブラーニングを位置づけた中学校英語科の授業プラン』(2016，明治図書)，「自発的なアウトプットを導き出す教師のアプローチ」(横浜市一般派遣研究報告書，2013)

山本丁友（やまもと　ていゆう）［第4章第4節・第5章担当］
横浜市立本牧中学校教諭
横浜国立大学 教育人間科学部卒業

英語運用力が伸びる5ラウンドシステムの英語授業
©Kanatani Ken, 2017　　　　　　　　　　　　　　NDC 375／xi, 187p／21cm

初版第1刷──2017年9月10日
　第3刷──2021年9月1日

監修・著者────金谷　憲
発行者──────鈴木一行
発行所──────株式会社　大修館書店
　　　　　　　〒113-8541 東京都文京区湯島2-1-1
　　　　　　　電話 03-3868-2651（販売部）03-3868-2294（編集部）
　　　　　　　振替 00190-7-40504
　　　　　　　[出版情報] https://www.taishukan.co.jp

装丁者─────CCK
印刷所─────広研印刷
製本所─────ブロケード

ISBN 978-4-469-24614-8 Printed in Japan
Ⓡ本書のコピー、スキャン、デジタル化等の無断複製は著作権法上での例外を除き禁じられています。本書を代行業者等の第三者に依頼してスキャンやデジタル化することは、たとえ個人や家庭内での利用であっても著作権法上認められておりません。